コンセプト・センス

正解のない
時代の答えの
つくりかた

吉田将英
コンセプター

この本で皆さんに一番伝えたい考え方である
「コンセプト構文」がこちらです。
試しにこの本のコンセプトを、空欄に入れてみました。

これからの時代を生きる私たち は本当は

もっと 自分の違和感を否定せず 仕事も人生も謳歌 したいのに

ビジネス界 の常識である

「ちゃんとしなさい」という圧 はそれを見落としている

だから本企画は 「ここではないどこか」という 違和感から企てを始める本 という

コンセプトで 違和感と現実を折り合わせる 新しい企てを打ち出す感性 （＝コンセプト・センス） を提供する

その先に

コンセプト・センスの持ち主が多い ビジネス界 をデザインし

周りの圧や空気を気にせずに 個性や創意が企てとして 実りまくっている 社会の実現を目指す

ある意味、この構文にすべてが詰まっています。
どうして大事なのか？　どうやって使えばいいのか？
次のページから、ぜひ読み進めてください。

その違和感が、コンセプトの入り口になる
〜まえがきにかえて〜

　この本は、「企画の本」です。「斬新なアイデアを生み出したい」「チームでの共創をスムーズに前に進めたい」「上司や取引先の承認を取りたい」、そして「世の中を今より良くしたい」——企画に携わる人なら一度はよぎるこれらの思いに応えるための本です。

　だからと言って、新しい商品やサービスを生み出すことを仕事にしている、いわゆる「プランナー」「クリエイター」といった企画職の方のみに向けた本ではなく、広く「企て」をするすべての人に届けたい本でもあります。

　人はどうして企てるのでしょうか？
「企」という漢字は、人が立ち止まって遠くを見通すことから成り立っているといわれています。目先の積み重ねではたどり着けない未来を見通そうと考える。そんな意味がこの字にはこめられている。そう考えると、「企業」とは現状の延長線上ではない未来を見通し実現することをいかに業にするかを存在意義にしているといえますし、「企画」とは、現状の延長線上ではない未来を見通すだけでなく、いかに形にするかを指すのだともいえます。

　要するに、人間は「現状を変えたくて、企てる」し、それはなぜかというと「ここではないどこか」を心のどこかで希求する生き物だから。企画そのものを仕事にしていなくても、たとえば、

「今年の年末年始は、いつもと違う休みのすごし方をしたいなあ」とか
「このままだとお付き合いできなさそうなあの子を、どうにか振り向かせられないか」とか
「なんだか仕事もパッとしないし、キャリアをガラッと変えたいけどどうしよう」とか。

〝現状の延長線上ではない未来〟をなんとか実現できないかと考えるその心はまさに、企てを始めている。「ここではないどこか」を望むとき、人は企ての入り口に立っているわけです。

　ただ、厄介なのは「どうなったらその企てが成功なのかが、実は曖昧である」ことがとても多いということ。「何かもっと新しく」とか、「このままじゃイヤだからどうにかしたい」とか、はっきりしていないけれど「とりあえず現状の延長線上はイヤだ」という気分が、一番最初に横たわっているということです。

「上司から〝新しいことをやって〟と言われたが、
　　何から手をつければよいかわからない」

「〝やりがい〟や〝意味〟を感じられず、
　　もっと楽しく仕事をしたいが、どうすればいいかわからない」

「ビジネス環境の変化が激しい中、
　　自分や会社の未来に不安を感じるが、かといって指針もない」

など、特にビジネスではそれが顕著です。
　まさに、「ここではないどこか」の、「どこか」とはどこなのか？　まずそこから見通すことが、企ての最初にして最大のポイントなのです。

　そこで、コンセプトです。

　コンセプトとは、社会の既存の「当たり前」が見落としてきた、人々がまだ自覚できていない満たされていない欲求を満たし、理想の社会に今より近づくための「提案の方向性」のことであり、同時にアイデア創造の源泉であり、企画の骨子でもあります。

　コンセプトを基点にすることができれば、「ここではないどこか」とはど

こなのかを、自分の中で、あるいは他者と、共通のイメージとしてつかむことができますし、企ての中身の質や実行するときの推進力など、すべての変数に良い影響を与えられます。「コンセプトを制するものは企画を制する」といっても過言ではないのです。

　この本では、コンセプトを基点に世の中を見聞きし、企てを考え、他者と関係性を築いていく感性を「コンセプト・センス」と名づけ、いかにしてそれを体得するかを考えていきます。
　コンセプト・センスは僕の造語で、いわゆる和製英語ですが、デザインセンス、ファッションセンス、音楽センスなどの言葉と同様、単に知識を頭に入れれば済む領域ではなく、その人自身の感性や価値観、経験や身体性をも動員して行なう営みだという意図をこめています。
　ただし、これは「生まれ持った才能のような、今さらどうにもならないもの」という意味ではなく、むしろ逆に「どんな人のどんな価値観でも、コンセプトを生み出す感性に変換することは可能」だと考えています。それって本当に可能なのか？　自分でもできるのか？　そんな疑問に、これから丁寧に答えていきたいと思います。

　ご挨拶が遅れてしまいました、吉田将英と申します
　普段は電通という企画の会社で、若い世代の皆さんとさまざまな企業共創のプロジェクトを推進する一方、そこから「時代や社会の潮流や、世の中の空気」を捉え、さまざまな法人の未来のあり方を経営層の方々と共創する仕事をしています。
　「パーパス策定と実活動への反映」「若者の新しい感性を取り込んだ事業コンセプト立案」「クリエイティブな組織への変革のサポート」など、「法人や個人が自ら企て上手になるための、コンセプト体質を体得するための支援」を手掛けてきました。

この本はそんな僕のこれまでの経験を

「ここではないどこか」を最も求め、
同時に最も悩める若者を研究してきた「若者の視点」

「ここではないどこか」を見定め、大勢の社員や事業を導くことに
日々苦心している経営者と伴走してきた「リーダーの視点」

「ここではないどこか」をそれぞれ個々で抱いている人の
集団である組織を、1つの方角に整えて変革する、
法人の未来創造をしてきた「組織の視点」

の、3つの視点に集約し、そこに皆さんと同じ「未来の先行きが特に不透明で、〝ここではないどこか〟がどこだか見えづらい時代」を生きる一個人としての実感を混ぜ込んで執筆した本です。

　企てを受け取る「相手・顧客」も、ここではないどこかを求めている。
　企てを考え実行する「自分・企業」も、それに応えることで世の中をここではないどこかに進歩させたいと思うと同時に、それによって自分たちもここではないどこかへ行きたいと願っている。

　この本は、そんな先行きの見えづらい今の時代で、それでも「ここではないどこか」とはどこなのかを見通し、企てを成功させるための、土台となる感性の持ち方の本です。単にハウツーのみで終わらずに、いわばOSのような根本に持つべき、企画という営みの捉え方にまで言及した本です。

「明日の会議」から「今年の夏休みのすごし方」まで、すべての企てに悩む人に手に取ってほしい本です。能力のせいでも、才能のせいでも、性格のせいでもなく、ただ「コンセプトで物事を捉えるという発想が弱い」せいで、個人や法人が持つ可能性が、もったいないことになってないか。そんな「こ

こではないどこかへ」という空気が漂う今を生きるすべての個人と法人への僕なりのエールの本です。

　見渡すと、世の中は「われわれにとっての"ここではないどこか"は、あそこです」という、素敵なコンセプトであふれています。
「会いに行けるアイドル」「サードプレイス」「出かけたくなるスマホゲーム」
——かつてそのコンセプトが生まれる以前の世の中に垂れ込めていた「ここではないどこか」を望む気持ちに、「こういう未来もありですよね？」という提案を打ち立て、社会を少し、現状の延長線上ではない角度に進めてきたコンセプトが、たくさんあります。

- 料理人にとってのレストランのコンセプト

- 作家にとっての今回の小説のコンセプト

- アーティストにとっての個展のコンセプト

- 学校の先生にとっての今期の授業のコンセプト

- TV ディレクターにとっての次回の特番のコンセプト

- 研究者にとっての研究テーマのコンセプト

- 経営者にとっての次期経営戦略のコンセプト

- 就活生にとっての就職活動のコンセプト

- バンドにとっての今度のニューアルバムのコンセプト

- 市長にとってのこれからの未来のまちづくりのコンセプト

- お父さんにとっての今年の夏休みの家族の旅行のコンセプト

- お母さんにとっての子どもの教育方針のコンセプト

　　　　　　　　　　　　　　　　　　　　……

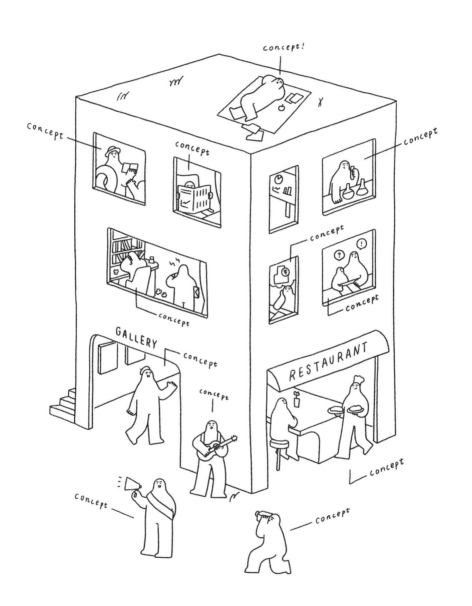

その違和感が、コンセプトの入り口になる
〜まえがきにかえて〜

7

本書では、まず第１章で「なぜ今、コンセプトが大事なのか？」を、時代背景や社会の現状から一度考えてみます。続く第２章で「コンセプトとはどんなもので、何をもたらしてくれるのか？」を、具体例を挙げながら詳しく見ていきます。

　そして第3章でいよいよ「コンセプトの構造」について、本書のカギとなるコンセプト構文を通じて深く理解することを目指し、第4章で「実際にコンセプトを見立てる術」について、とことん深掘りしていきます。

　第5章で「コンセプトが作られたあとの企て方」について触れて、あとは皆さんに委ねたいと思います。

「ここではないどこかへ」という感覚は、新しい未来を生み出すための入り口で必ず起こる違和感です。決して現状への甘えや現実逃避ではなく、社会に新しい提案をし、自分の人生を今の思い込みの外に連れ出すための、きっかけの感情です。

　この本を手に取ったあなたの、今のその感情を大事に抱えたまま、ぜひ読み進めてみてください。「ここではないどこかへ」楽しく出航するための羅針盤を、一緒に形作ってみましょう。

この本の「本質的な価値」を
゛若い友人たち゛に
客観的に言語化してもらいました。

本書の執筆中に数人のご協力者に一足先に読んでいただきました。
寄せられた感想の一部をご紹介いたします。

自分自身の生き方にしても、最近お仕事で一緒になる方とのお話し合いの中でも、やはり大切にしたいのにつまずいてしまうのがコンセプトワークでした。なのでワークシートや図解などがあるのは頭の整理が大変しやすく、今後の活動の手がかりにできそうです。仕事相手の方ともページを見ながら話せたらよいなと思いました◎

友人に、酒場をオープンしたけれどやりたいことがわからなくなってしまった酒屋のオーナーさんがいます。その人に「日々を突破していくために、おすすめの本を見つけました！」とお薦めしたいなあと。やりたいことがいっぱいあるけれど、何を基軸に自分を打ち出したらいいかわからない、**自己ブランディングに悩むフリーランスなりたての人にも「将来像をクリアにするのに役立つ、思考法の本があるよ」と伝えたい**です。

原始の人にとっての火と同じくらい、コンセプト思考は、現代において使いこなしたい道具ですね。　（波平雪乃、デザイナー、20代）

蕎麦屋のナポリタン、ディズニーランドのキャストというネーミング、糸井重里さんの言葉など……引用されているエピソードや言葉はどれも面白かったです。「際立つ」とか「定まる」のような、ワードチョイスが絶妙だなと全編通して感じられました。わかりやすいんだけど、一聴しただけではちゃんと理解できないような言葉がじっくり理解していくものにとても合っていると思いました。

中でも、BIV-Cの考え方が自分の中でも整理しやすかったです。あとはバイアスとインサイトのストレッチ3軸はすぐに取り入れることができると思いました！**「アイデアや新しい考えを生むときの指針となってくれる本」**です。

（柴田賢人、広告業界、20代）

「さあ新しくコンセプトを策定するぞ！」というよりも、「なんかパッとしないんだよな……」と感じている人にとっても多くの学びのある本だと思います。「痒いところに手が届く本」「なんかありきたりが変わる本」「モヤッとが晴れる本」「指針が決まる本」「かぶりじゃなくてオリジナリティが生まれる本」などとご紹介したいです。

　大事なのは作業ではなく、進むべき指針を決定し、柔軟に、そして決定後も固執するのではなく道を外れたとしてもそれが正解な可能性もあり、むしろ良いアウトプットを生み出すための基準軸に変わる可能性も秘めている。それが伝わるのが文中にも出てくる「地図よりコンパス」という言葉でした！　吉田さんの本って、読みやすいんです。難しいことを難しく言わない言い回しと、ムダな語句が少なくて、あっという間に読み終えてしまいました。

（小林るり、デジタル広告、26歳）

どうしたら吉田さんみたいな視座でコンセプトを考えて、斬新な切り口を生み出せるのだろうと思っていたので、本書を拝読して、こういう思考回路で考えられていたのかと腑に落ちました。
本書もたくさんの事例があり、抽象的な話もわかりやすく理解しながら読み進めることができました。

序章で書かれていた、「『ここではないどこかへ』という感覚は、新しい未来を生み出すための入り口で必ず起こる違和感です。(中略)自分の人生を今の思い込みの外に連れ出したりするための、きっかけの感情です。」のくだりが、勇気づけられて、吉田さんを知らない読者も背中を押されるメッセージだと思いました。そして読み終わったあとに、興味があることを企てて新しいチャレンジをしてみたくなりました。

コンセプト構文で考える思考法は、現職のコンサルでよく使う「How Might We?」をさらにブラッシュアップした形で新鮮に感じました。また、デザイン思考でインサイトを見つけたり、アート思考の常識の概念を取っ払って、自分軸で何をしたいかを考える要素が、バイアスやビジョンにも組み込まれていて、新しい枠組みだと思いました。チームメンバーに紹介して、実際のプロジェクトの事例に当てはめて、活用させていただきたいと思いました。
また、コンセプトの伝え方として、イラストや図にする大切さは日頃の業務でも感じていて、抽象的なコンセプトこそ4コマ漫画で伝えたり、ぱっとホワイトボードに図解したりすることって、やはり重要なのだと吉田さんも書かれていて改めて実行したいと思いました。　（山崎栞奈、UI／UXデザイナー コンサル業界、27歳）

今までたくさんの企画の本や記事を読み事例などを勉強してきましたが、思い返せば、「コンセプトが重要!」と言われるのみで、「じゃあ具体的にどうコンセプトを作ったらいいんすか先輩……」といつも感じていました。具体的なコンセプトへのアプローチ方法、考え方の手順などまさにこの本がアンサーでした。自分が読んできたビジネス書などでいうと、読んではみたはいいもののコレ明日からどう活かそうかと考えてしまうことがあります。考えてる時間に面倒くさくなって、明日にはいつもの自分……といった本が多い中で、**今からでも始められる実用書といったイメージが新しさを感じました**。そして、ちゃんとエモーショナルな部分も取り入れられつつ進んでいくので、読むのがとてもスムーズでどちらかというと小説を読んでいる気分で読み終えました。

課題が複雑化している現代では、いかに課題発見をシャープにできるかが重要だと感じております。「課題解決より課題発見が重要だ」とちらほら言われてきているのも目にします。そんな中で、どのように本質的な課題を発見するのかは個々のプランナーの感覚的なものも多く、世襲も難しく体系化されていない印象でした。そんな中で、この本でコンセプトの構文とそれに至る考え方、アプローチ方法が解説されており、素直に早速企画を考える際に使ってみようと思いました。　　（村田征斗、広告代理店プランナー、20代）

どうして自分が「ここではないどこか」に行きたいのか。ここじゃダメだと感じる理由は何か。自分の思う目指したい先はどこか。そういう自分の感覚に私はまったく気づけてなくて、この本は「企画がよりうまくなる本」ではありますが、私としては自分の感覚（認知）に対してどう向き合うかを「コンセプト」を通して語ってくださっているなあと感じました。

凄い共感した箇所がありました。「何してもかぶる気がする。独自性、オリジナリティを感じづらい。上には上がいると永遠に感じてしまう」という文章です。
私もですが、この本を読む人には仕事での企画の上達はもちろん、自身の人生におけるコンセプトを見つけてほしいですね。どんな時代の流れにも流されすぎず、コンパスになる自分軸を設定することで今感じている不安や焦りを減らして、純粋に自分の人生を楽しみたいです!

「人生の方向性を決めやすくなりそうな本」だと思います。私のようなコンセプトを作ることが仕事ではない人でも、読むことで人生の方向性や自分の生き方を考えるきっかけになると思います!　**企業ブランディングだけではなく、自己ブランディングの本を探している人にもピッタリかと思います!**
（嶋宮紗希、Web広告代理店、26歳）

「ここではないどこか」へ行きたいという気持ちが、現実逃避の悪い言葉だと思っている人は多いと思います。「置かれたところで咲きなさい」と言われてしまうんじゃないかとか。だけど、その感情は甘えではなく、新しい未来を生み出すための入り口だと言ってもらえて、うれしかった。コンセプトを決めると逆に自由になるっていう考え方とあわせて、意外で学びが多かったです。

「何かしなきゃと思ってるけど何をしたらいいかわからないときにいったん読む本」だと私は思いました。　(川口真実、ワーママ・広告業界、20代後半)

社会人2、3年目の後輩に薦めたいと感じました。**新卒の頃よりは自分の意志での行動が多くなりはじめ、責任や期待の板挟みで足が止まっている人向け**。そんなイメージです。一言では紹介できないですが、"頭をリセットするため"としてお勧めするかと思います。　(鍋島純一、プランナー、20代後半)

「企画がしたいです！　だからその方法を教えてください」という願い事ではなく、「ここではないどこかへ行きてえなー」という悩みごとを捕まえて解像度を上げているのが良かったです。**良い意味で出発点が意識が高いというより怠惰な感情に近い場所からなのが寄り添ってくれる本という感じで、**ありがたかったです(コンセプトメイキング系の本は意識高めなので)。人生を通じて「なんか」企みたいことがある人向けの本だと思います。

コンセプトの効果である「定まる、閃く、際立つ、集まる、続く」に関してはまさに今仕事の中で実感するところです。コンセプトが明確であればどの方向でアイデアを深めていけばよいのか明確なので、そのブランドがなすべきこととして、その方向のエッジを立たせるアイデアがどんどん出てきます。むしろ明確なコンセプトがないと「"ここではないどこか"ってどこだっけ？」の堂々巡りが始まってしまい、結局エグゼキューションのスケジュールが崩壊しかけるという場面がありました。
「いきなりアイデアを出しまくれば良いのでは」という考えでは、最大公約数か自分が楽しい自己中企画の両極端なモノしか出てこないということに気がつけました。だからこそ、「決めないと動けない but 縛られるものではない」という企ての遊び方のお話が刺さりましたし、特にこの「動けない」ないし「動いているけど課題解決のために前進している感はまったくない」という感覚を共有するにはどうすればよいのだろうとも考えました。　(大須賀亮祐、プランナー、20代)

CONTENTS

第1章	なぜ今、改めてコンセプトなのか？

――コンセプトが必要とされている時代背景

第2章	コンセプトは私たちに何をもたらすのか？

――コンセプトの要素、種類、効果

　　ブックデザイン … bookwall
　　カバー＆本文イラスト制作 … 段希子
　　執筆サポート／タイトル監修 … 小林麻里絵
　　校正…小倉優子
　　本文図版＆DTP制作 … 津久井直美
　　編集＆プロデュース … 貝瀬裕一（MXエンジニアリング）

第1章

なぜ今、改めてコンセプトなのか？

コンセプトが必要とされている時代背景

僕は80歳くらいまで年齢のことをあんまり考えなかったけれど、
ここ10年の間は、特に世の中がものすごい勢いで変化してると感じている。
僕が生まれてから戦争がはじまるまでの世の中の変化も
ここまで凄まじいものではなかった。
— 柚木沙弥郎『柚木沙弥郎のことば』より —

コンセプトという羅針盤で、ここではないどこかへ動く前に。

どうしてそもそも、海図のない航海に出ないといけないのか？

なぜ、今が「コンセプトの時代」といえるのか？

そもそもどうして、個人も法人も

「ここではないどこか」へ、行きたいように感じてしまうのか？

何だかどうにも、これじゃない感がするのは、なぜなのか？

僕たちを取り巻く、時代背景と、

その影響をどのような形で僕たちは受けているのか？

そして、それをポジティブに捉え直すとどういうことになるのか？

この章ではそんな、僕らが立たされている

世界の設定の話をまずします。

「ここではないどこか」な気分を
抱く人が多いのはなぜ?

■ なぜ今、コンセプトが必要なのか?

　ご存じの通り、「コンセプト」は真新しい思考法でも流行りのバズワードでもありません。

　普遍的で古典的。何十年も前から使われてきた言葉であり、あらゆる場で耳にする機会があるのではないでしょうか。ではなぜ今、改めてコンセプトが大事な時代になってきているのか?　一言でいえばそれは、私たちを取り巻くさまざまな要素が **すぎる時代** だから。何がどう「すぎる」のか?　5つの「すぎる」で時代を見てみます。

1.情報が多すぎる

　手元にはいつでもスマホがあり、いつでもどこでも何でも見られて聴けて、数十秒で1プレイできてしまうゲームがあり、SNSで何百、何千の人とつながる。そんな「情報が多すぎる」時代を私たちは生きています。

　かつて雑誌が若者のトレンドを方向づけていた時代は、情報とは「買って取りに行く」ものでした。でも今はどうでしょう?　タダで手に入るのは前提になり、取りに行くどころか勝手に流れ込んできてしまい、それでも多すぎるので、**いらないものを捨てて最適化する**。かつて若者の代名詞のように扱われていたサプライズも、今や"不確定なことを増やさないでほしい"と敬遠されるようになり、映画やドラマを見る前にネタバレを見るし、あるいは倍速で試聴することで効率を求める人も増えています。一方で、「何かに追われている感じがいつもしていて、楽しんで見ているわけではなく、**"押さえておく"感覚**でしかないです」と、実際にプロジェクトでご一緒している大学生が教えてくれました。ここにも何か「ここではないどこか」の一端が

見え隠れしているように感じます。

　情報が多いということは、企てを生み出す側にとって「選択肢が多すぎて、意思決定が大変になっている」ということです。

　情報も選択肢も多すぎて、いつも目移りしていて、何かを決めたところで**「もっといい選択肢がある気がする」感覚**が常にまとわりついてくる。実際、僕も仕事でさまざまな企画をクライアントに提案したり、あるいは現場担当者が経営層に上申するサポートをしたりしてきましたが、「ほかにもっといいアイデアはないのか？」というフィードバックは幾度となく見てきました。結論は「そんなの、あるに決まっている」わけで、その実、意思決定する勇気が持てなくて、“無限の代案探し”にさまよってしまうケースもとても多いです。

　情報が多すぎるから、今のままでいいとは思えなくなり、かといって間違いない選択肢を見極める難しさも上がり続け、結果として「ここではないどこかへ」になる。**1つ目のすぎるは「情報が多すぎる」**です。

2.テクノロジーが速すぎる

　2023年の序盤、生成型AI「ChatGPT」が世界中を震撼させ、その驚異的な生成クオリティや使い勝手の良さで瞬く間に時代のアイコンに躍り出ました。僕もこの執筆に一部役立てる過程で、かつて新人時代に自分がやっていた情報収集やレポーティングのクオリティを、一瞬で追い抜かれた感覚に陥り、「仕事って何だろうか……」と、途方にくれました。

　テクノロジーの使い勝手の速さと、その出来の進歩の速さ。両方の意味で今は「テクノロジーが速すぎる」時代といえるでしょう。テクノロジーが速すぎることは、価値の作り手にとって大きなスタンスの変更を余儀なくさせ続けています。

「開発の短時間化や、参入障壁の溶解による競争の激化」
「アプリケーション的に、非物質的なアップデートで商品性能が向上できるようになったことで、流動性がUP」
「グローバライゼーションで、全世界のプレーヤーが競争相手に」

「プロダクトライフサイクルの短命化」

　……などなど。これらの変化によって、たとえば商品は**「出したその日から時代遅れが始まる」**という、何ともせわしない状態になっています。企業の側からすれば、それはお客様がすぐに飽きてしまうことに応えようとした結果だと主張するかもしれませんが、実は顧客の側からすると「そんなにすぐに新商品を出すから、気に入っていたものも何だか古いもののような気がして買い替えてしまうだけ」という、ある種の「高速回転の共犯関係」が成り立ってしまっている。

　数年前に、若者研究の一環で当時の大学生数人と、とあるモーターイベントに行ったとき、そこに展示されていた世界初公開のコンセプトカーを見た1人が、「あっ、これ前に見たことあります」と言いました。初公開なので彼の言っていることは勘違いなのですが、「ネットでこんなようなものを絶対に見た」と自信ありげ。事実を伝えて彼も勘違いだと理解したのですが、それくらい「本当に新しいものを見せても、既視感が事実すら上回って押し寄せている」ということです。そんな既視感を、さらに新しさで上回ろうとした結果、高速回転はさらに速くなり……「ほかの人に食べられたくないので、まだ生焼けなんだけど食べちゃう」。有名な「焼肉生焼け理論」のようなこの状況は、個人も法人も、本質を置き去りにしながら拙速に物事を回転させてしまっているんじゃないでしょうか。

　1つ目の「情報が多すぎる」こととも相まって、人々の中で**「既視感＝どれも新しく見えず、知っているものに見える」**と**「達観＝選択肢は多いしうつろいも激しいので、どうしたらいいのかわからない。どれでもいいや」**が広がっているように感じます。

　ある大学生が、商品の選択に関するインタビューのときに、「コンビニに売っている時点で、間違いないってことだから、そこから先は何でもいい」と答えたことがあります。豊かになったがゆえに、その対象に対しての前向きな好奇心や関心が失われる。しかもこの結果は、価値の作り手が怠けていた結果ではなく、むしろ高速回転する社会に対応し続けたがゆえに招いているというパラドックスが皮肉です。アジャイルな開発体制で、リーンスター

トアップ的思考で、ユーザーリサーチもしっかりやって、高速PDCAで最適化し続けた結果、どのサービスも似たような結論にたどり着く、という話は僕もクライアントビジネスの中で、何度も見てきました。

　真面目に勤勉にやっているだけではその落とし穴に気づけない可能性があります。そんな、真面目に状況に高速で対応する日々に対して、「ここではないどこか」を望んでしまいがちなのかもしれません。

3. 向かい風が強すぎる

　3つ目は「向かい風の強さ」。われわれはさまざまな逆境を生きているということです。日本は年功序列と少子高齢化の悪魔合体の結果、**「権限の大きい年長世代が多く」「権限の小さい若手世代が少ない」**という構造になっています。現状に不満を感じ変化を求める側からすると、ある種の無理ゲーが至る所で発生しているわけです。

　その結果、「このままではいけない！」とはうっすら誰もが思っているが、「新しい動きを承認する権限がある人たちが古い考え方」というジレンマが至る所で発生してしまっています。日本財団の調査で明らかになっている「日本の若者は世界を変えられると信じていない」というスコアも、この無理ゲー構造が原因の一端なのではないかと、どこか達観している若者たちと日頃触れていて感じます。

　この向かい風は実は、かつて社会が、個人同士の間に暗黙のうちに結んだ数々の**「古い約束」**が正体なのではないかと僕はにらんでいます。

「一杯目はビールってもんだろ」
「若手は二次会までついてきて、イヤでもカラオケ歌うもんだろ」
「女性は仕事より家庭を優先するもんだろ」
「黒人は白人より、社会的に地位が低くて当たり前ってもんだろ」
「儲けのためなら、社員が不幸でも、環境が汚染されても問題ないだろ」

「この社会ではこのことについては、こういうことにしておきましょう」という約束。それが時代の変遷によって機能しなくなり、「古い約束の破棄」をするために、上書きする新たな約束が生まれる。人類の歴史はこれの繰り返しだとすると、今の時代は、「ここではないどこかに間違いなく行ったほ

うがいいと多くの人が感じているが、かつての約束がそれを阻み、そのジレンマがさらに"ここではないどこかへ"行きたいという願望を強めている」時代といえるかもしれません。まえがきで書いた「現状の延長線上」とはまさに、古い約束を破棄できなかった未来とも言い換えられるでしょう。

「社会が約束を決めた」と書きましたが、「社会って誰？」「それってどうやって決まってしまったの？」「どうすれば『古い約束の破棄』ができるの？」——このあたりも、「ここではないどこか」へ行くための着火点になりそうです。

4. 問いが複雑すぎる

　2020年初頭、全世界に広がったCOVID-19は社会の前提をひっくり返しました。ソーシャルディスタンス、マスク、リモート前提でのビジネスなどなど、それまでの社会では良しとされてこなかった慣習や行動を「やむを得ない」という強いロジックで推進していきました。そんなCOVID-19への対応は、人間社会にとって難しい問いでした。

　WHO（世界保健機構）シニアアドバイザーの進藤奈邦子さんは、COVID-19の対応は複数の異なる観点や学問領域の知見を越境してマッシュアップして対応していたことを話しています。

　たとえば、感染症の専門家の観点だけで対策を出すなら「家から出ない」が一番になりますが、それだけでは経済がダメになってしまい結果的に誰かの生活を瀕死に追い込んでしまうかもしれない。あるいは、移動の制限が人権に抵触するという恐れがあり、精神医学の観点から見ると人の心を蝕む恐れが見えてきます。

　まさにCOVID-19は人類社会にとって「あちらが立てばこちらが立たず」の難易度S級の課題だったわけです。実際、WHOでは感染症や病原体、公衆衛生といった医療関連の専門家だけでなく、政策、法律、社会学、行動科学、人権、民俗学、精神医学など、さまざまな専門家を集めて「13人の賢人」という会議体を作って対応したそうです。

　現代を生きる僕らが直面する課題は、このように **「あちらが立てばこちらが立たず」** の関係性ばかり。ハーバード・ケネディー・スクールで長年教鞭をとっていたロナルド・ハイフェッツは、問題を「技術的問題」（technical problems）と「適応課題」（adaptive challenges）の２種類に分類しました。

　前者は「１＋１＝２」のように、誰が解いても解法と答えがある程度、一義的に定まりますが、後者は複数の変数が相互に作用し合い、ともすれば「その問題を解こうとしている本人の存在」すらも変数として作用を及ぼす、関係性の中で生じる課題です。情報が多くなり、テクノロジーが速くなった今、個人にとっても法人にとっても技術的問題が解かれて減っていく一方で、まさに後者の「適応課題」が増えているといえます。

　ただ、思えば昔から人間社会の課題はそのほとんどが「適応課題」だったのかもしれないのに、僕らが「技術的問題」だと思い込んで無理やり解こうとしていた。こうも解釈できるのではないでしょうか。

　「売上のためならゴミが出ても仕方なし」「選挙で勝つためなら人数の少ない若者へのウケは後回しでも仕方なし」のように、物事や課題の論点を単一化し、目的に直接関係する変数に資源を集中投下する一方、それ以外の「目的にあまり関係してこない変数」については傍に置いておくというスタンスは、誰しもが多かれ少なかれやってきたことです。

　今の時代においても、複雑さと難しさに耐えきれず、極論に走る人も顕在化しています。数秒で、端的に、シンプルに、結論だけを求めるような思考の態度は、ときとして課題そのものへの関心を削ぎます。高度で難しくなる課題を本質的にがんばって解こうという動きと、その反対側に向かう「難しくてよくわからないから、極論でもいいからシンプルに教えて」「何が悪者なのか決めて、それを叩けばOKってことにしない？」という動き。この２つの正反対の思考が、さまざまな領域で昨今よく使われる「分断」という課題構造の本質の１つだと僕は思います。

　エルメスのフランス本社前副社長の齋藤峰明さんの考察に「アメリカでハンバーガー屋さんが多いのは、人種のるつぼゆえに、どんな人でもおいしいと感じる最大公約数が求められるからではないのか」という仮説があって、なるほど多様性が高ければ高いほど選択肢も多様になるのかと思いきや、その逆の「かえって最大公約数に収れんされてしまう」という可能性もあるのだと考えさせられます。

ただ、そうやって論点を単一化して局所最適を図ることで未来に回されてきたツケが、そろそろコップの限界まで近づきつつあるということに気がついたのが、「ここではないどこかへ」という気分の正体の1つではないでしょうか？　「問いが複雑すぎて、ここではないどこかへと感じる」「でも複雑さから逃げて極論に走ると、何かが見すごされ、こぼれていく」「そこで見すごされた感情がさらに"ここではないどこかへ"と感じさせる……」。

　SDGsやDE＆I（ダイバーシティ・エクイティ＆インクルージョン）、ウェルビーイングなど、すべての人がより生きやすい社会の実現のためにさまざまな「社会運営のコンセプト」が生まれてきたこととも付合します。
　全体最適で考えようとすると、自ずとその課題は多変量的になるし、「課題が複雑で難しすぎる！」と感じられるということは、それだけ人類がその課題を「ちゃんと解こうとしている証拠」ともいえます。自分の担当領域や専門性、日常から実際に見えている風景を超えて、想像力を働かせて全体観をつかもうとすることは、「情報が多すぎて」「テクノロジーが速すぎた」結果、うながされてここまできた人類の進歩のポジティブな側面ともいえます。

　高度に複雑な難しい課題を、全体観をもって解くために、何を道しるべにするべきなのか？　「売上」「応募者数」「人気ランキング」といった既存の変数を単一化して追い求めるのではなく、そもそも「何を良しとするのか」を再定義することが、適応課題の時代には必要で、それこそが「ここではないどこか」へ行くためのまず最初に必要になる態度なのでしょう。

5.「らしさ」が揺らぎすぎる

　若者の研究者として日々、大学生と会う中で、就職活動の相談を受けることも少なくないのですが、ある1人の学生からこんな悩みを打ち明けられたことがあります。

　彼はいわゆる体育会に所属していて、そこで副将として部を率いて大会に向けて練習に励む精悍な青年でした。ですが、競技に打ち込む一方で、「こんなことばかりしていて果たして自分の将来は大丈夫なのか？」と、とても不安になることがあるというのです。競技に夢中に打ち込み、副将としてリーダーシップ経験も積み、大会でも成果をあげているのにもかかわらず、で

す。その不安がどこから来るのか尋ねてみると、「高校のときのどうしよう もない悪友が、シリコンバレーの企業でサマーインターンをしているのを SNSで見てしまったから」と。あいつが就活につながるインターンをしてい るのに、自分は毎日ボールばっかり追いかけていて、何の役に立つのか、空 恐ろしくなる瞬間があるというのです。

　彼の声に象徴されるような「果たして、今の自分の"自分らしさ"は、大 丈夫なんだろうか？」という不安は、そこかしこで実際の声として聞きます。 これは決して若者だけに限った話ではなく、経営者も部長も、ビジネスで企 画をするすべての人が多かれ少なかれ、時代の空気から感じてしまうことな のではないでしょうか？　それは「自分自体のらしさ」だけではなく、自分 が従事しているプロジェクトやチーム、企業、時間の使い方、すべてにおい て「自分らしさ・そのものごとらしさ」が、相対化されすぎるがゆえに揺ら いでしまう現象で、**「アイデンティティ・クライシス」** ともいわれます。もっと 社会が狭く、比べる対象が少なかったかつては、こんなことは社会問題にな っていなかったはずです。現に、かつて「国民総幸福量」で世界的に注目さ れていたブータンが最近は幸福度ランキングの上位からすっかり遠ざかって いるのも、当時よりも国外の情報が流入するようになって、「あれ、僕らっ てもしかして貧しいのでは？」と揺らぎを覚えたからともいわれています。

　ここまで紹介した5つの「すぎる」現象によって、「何をやっても人とか ぶっている気がする」「どんな企画もコモディティに思えてしまう」「自分が 考えついたことは、どうせ誰かがすでに考えて世の中に出しているに違いな い」「自分はいいと思っても、相手にとっては"たいして新しいもの"に思わ れないかもしれない」「僕は彼のことを大事だと思っているけれど、彼から すればたくさんいる知り合いの1人にすぎないかもしれない」──そんな揺 らぎを日々足元に感じながら、われわれは何とか踏ん張って生きているとも いえます。かといって、情報をもう一度遮断して、社会を狭くし直すという アプローチも、個人レベルではデジタルデトックスとして多少意味はあるか もしれませんが、ビジネスの世界ではなかなか難しいでしょう。

「自分のコンセプトがわからないんです」
　就職活動を目前にした大学生から実際にされた相談です。何をしても他人

とかぶる気がする。独自性、オリジナリティを感じづらい。上には上がいると永遠に感じてしまう。そんな中で、「私はこれで行くんだ」という、ここではないどこかへ行くための企てには何が必要なのか？　とても大きな現代の論点のような気がしてならないのです。

🏷 要するに「激動すぎる」

　情報は多すぎるし、テクノロジーは速すぎる。しかも向かい風は強すぎて、問いは複雑すぎる。そんな中で法人も個人も、らしさが揺らぎすぎる中で、自己の存在意義に悩んでいるというのが、「激動すぎる」今の時代の正体といえそうです。その結果が、企てを受け取る「相手・顧客」も、ここではないどこかを求め、企てを考え届ける「自分・企業」も、それに応えることで世の中をここではないどこかに進歩させたいと思うと同時に、それによって自分たちもここではないどこかへ行きたいと願っている現状なのだといえます。

　こう考えると、「ここではないどこか」というあなたの心持ちは、決してあなたがわがままだったり、優柔不断だったり、不満ばかり先立つ甘えた思考だったりということではなくて、「時代から醸し出されている空気感」ともいえるのではないでしょうか？　個人の問題ではなく、社会全体が立たされている状況なのではないでしょうか？
　そして、その時代の空気を感じとって「ここではないどこか」を求める人は、反転させて考えるなら、新たな価値創造の入り口に立てているということなのではないかとすら、思うのです。
　これまでの時代で「良い」とされてきた約束の数々が耐用年数を超えつつある中で、「古い約束を更新する企て」を作れるか否かが、人々や社会を「ここではないどこか」へ連れて行けるかどうかを左右するということですが、そのためにはどこから思考の組み立てに取りかかればいいのでしょうか？

　キーワードは、**人間の「認知」**。
　そして、それを変える手段こそが「コンセプト」なのです。順を追って説明していきます。

「転生」はできない。
「認知」をリセットしよう。

⊡ なぜ「転生モノ」が流行るのか?

　小説や漫画におけるジャンルの1つとして「転生モノ」はすっかり定着しました。物語冒頭にいきなり主人公が亡くなり、記憶や人格を引き継いだまままったく違う世界に突然生まれ変わることで、そこからさまざまな想定外のストーリーが始まっていくものを指します。2010年台前半から徐々に人気を集め、あまりの増加に一部の小説コンテストなどでは「異世界転生モノは禁止」にしたところが出るほどでした。

　ここまで見てきた5つの「すぎる」によって、「このままでいいとは思っていないけれど、どうすればいいかはわからない」状況に直面していることがわかりました。何だか僕には、この時代の気分と、「これまでのすべての約束を破棄して、まったく違う約束で成り立っている世界に、でも自分の人格は引き継いで転生する」という物語の構造が符合しているように思えてならないのです。

⊡ リセットできない現実にどう向き合う?

　しかし残念ながら、現実はなかなかそうもいきません。毎日は地続きだし、少なくとも2020年代初頭の今は、肉体と精神を途中で乗り換えることも難しそうです。法人にとっても、これまでの成功体験や資産にとらわれずに未来を描く掛け声として「非連続な成長」という単語が使われることは多いですが、本当に非連続なことは、その法人がやる意味ごと捨ててしまうことでも

あります。個人だろうが法人だろうが、自分という器を完全にリセットすることは、自分そのものの完全否定にもなりかねないので難しいでしょう。

　…… 何だか暗い話が続いてしまったので、このへんで"ではどうすればいいか"に話を切り替えます。「すぎる時代の現実」をダイレクトにリセットするわけにいかない私たちが、どのように「ここではないどこかへ」行くことができるのか。人が世界をどのように認知するのかを、構造化した**「認知と現実の循環モデル」**を使って考えてみます。

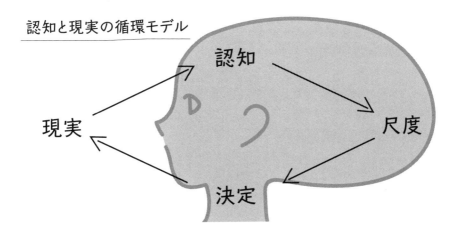

認知と現実の循環モデル

認知

現実

尺度

決定

　おおよそ人間の社会はこの**「現実→認知→尺度→決定→新たな現実→…」というループ**を、らせん階段のように回転しながら今日まで営まれてきました。
　たとえば、次のような循環です。

　マンモスという巨大な生き物が存在するという**現実**
　　↓
　「あれは食料になるぞ！」という**認知**
　　↓
　「マンモス狩りを成功させられる人」が優れているという**尺度**
　　↓
　村一番の狩りの名手を族長にしようという**決定**
　　↓

マンモス狩猟を中心とした人間社会という**新たな現実**

    ↓

    ……

ほかのどの生き物とも異なる人間の固有性の1つが「現実そのものにそのまま向き合う」のではなく、言葉や概念、思考を用いてそれに対して「認知→尺度→決定」という回路を作れること。個体同士のコミュニケーションを可能にするだけでなく、現実にはまだ存在しない「ここではないどこか」への想像力を得たことでしょう。

仮定の話。未来の話。概念の話。感情の話。関係の話……、これらはすべて「現実を認知しそこに意味を付与する」という、人間を人間たらしめている根源の要素によって可能になる思考です。紙幣も、市場も、価格も、株価も、すべて認知によってその価値を大いに左右されます。この本で扱っている**「企て」とはすなわち、「いかにして誰かの認知を動かすか?」という営み**とすら、言い換えられます。

そしてここまで考えてきた「5つの"すぎる"」が、この循環モデルの"現実"だとして、果たしてそこにどうかかわることができるか?

それこそが、「人の認知を変えることで、巡り巡って現実を変える」という考え方です。2つは同じ循環の中に存在しているので、「現実を変えるべきか? それとも認知を変えるべきか?」という二項対立として捉えるのではなく、考え方のスタート地点を「現実スタート」ではなく「認知スタート」に捉え直してみようという考え方ともいえます。「現実そのものをいきなりどうにかしよう」という、現実スタートだと厳しい理由は次の通りでしたね。

・現実の厳しさが、個人の手に負えないレベルで起こってしまっているから

・現実を直接解きに行ける「技術的問題」ではないから

・「ここではないどこかへ」という違和感がまさに、認知そのものだから

「家が勤務地から遠いから引っ越そう」「マークシートで点を取るためにがんばって暗記しよう」「洗濯機が壊れたから買い替えよう」……このような「技術的問題」なら、認知を変えるなんて面倒くさいことは必要なく、現実をダ

イレクトに変えるべく行動をすればいいでしょう。しかし、自分や、自分の周りにいる人間、さらにその先に広がる人間社会との相互関係によって起こっている「ここではないどこかへ」というモヤモヤに対して、**現実ダイレクトアプローチでは行き詰まってしまうことが多いのではないでしょうか?**

⬛ コンセプトは「認知スタートで現実を変える」

さて、ようやく「コンセプト」の登場です。紹介した**「認知と現実の循環モデル」を、認知スタートで回転させて現実すらも動かしていくために、「認知のリセット」を実現する方法が、まさにコンセプトなのです。**

マンモス狩猟の例に戻って、それがその後どうなったかで考えてみます。
引き続き狩猟を続けていた人類はあるときから地球上のさまざまな場所で「農耕」とそれにともなった「定住生活」「国家」「資本」といった社会運営のコンセプトを形作っていきました。その結果、「食べ物は取ってくるのではなく自分たちで作るもの」「欲しいときだけではなく、365日いつでも何かしらやることがあるのが仕事というもの」「獲物に合わせて移動し続けるのではなく、まず国家と住まいがありそこで食べ物を育てる」など、それまでとはまったく異なる新しい認知が、社会におけるたくさんの「新しい約束」として生まれたはずです。

その結果、「武器の投てきがうまい人がかっこいい」という尺度から、「稲を枯らさずに安定的に育てる方法を知っている人がかっこいい」へ、さらに「稲作を組織的に成功させるために、人の集団を統率したり、ルールを構築できる人が、かっこいい」へと、人に対する尺度も転換されたはずです。それにともなう形で、資源や人、時間を何に投じるかといった決定もまったく違うものになっていき、最終的に人間社会は「狩猟社会」から「農耕社会」に、現実もろとも大転換していったといえます。

「人間が想像できるものは、必ず実現できる」とフランスのSF作家ジュール・ベルヌが言ったことを逆に取れば、「想像できないものは実現のしようがな

い」ということで、先に「農耕という現実があった」わけではなく、「これ、自分たちで育て方を覚えたら、危険な思いして狩りなんかしなくても食べ物に困んないんじゃね？」と、誰かわれわれのご先祖様が"新しいコンセプト"の着想に成功したことから始まっているということともいえます。

　有名なビジネス寓話でもあるように、「自動車がない時代の人々に、"どんな乗り物が欲しいか"と聞いても、"速く走る馬が欲しい"としか答えようがない」わけで、既存の現実である馬の性能をどうにかするのではなく、「自動車という新しいコンセプト」をまずは認知レベルで着想することが必要なのです。そしてここまで話してきた、厳しく苦しい時代の現状に対して「ここではないどこか」を見出すということそのものが、まさに「認知スタートで循環モデルを回し、現実に働きかける」ことなのです。

　それに対して「ソリューション」「課題解決」といった言葉はどうしても、「目の前にある現実を直接解きにかかる」発想を人に及ぼしてしまいます。時代が順境で、やることをやっていれば自ずと状況が良くなっていくタイミングなら、そういった「改良」だけでも、人々は違和感を感じず、幸せは増幅するのかもしれません。でも、逆境の「すぎる時代」においては、「もっといいマンモスの狩り方」「もっと丈夫な馬」だけでは、「ここではないどこかへ」という願望が満たされるようには、僕には思えないのです。

「どうしたらもっと良くなるか？」ではなく、
「そもそも、良いとは何なのか？」から再定義する。

　前者が「ソリューションメイク」だとすると、後者は「センスメイク」。つまり**認知の再定義**からスタートするアプローチです。そして、**"良さそのものを新しく定義できた企画"は、その時点でオリジナルになれる可能性が極めて高く設定できているということなのです。**

　コンセプト「センス」が大事だと僕が主張しているのも、まさにこの「認知」と関連しています。自分自身が物事や社会をどう感知するのか？　そして自分以外の誰かや社会の感知をどう再定義できるのか？　コンセプト「思考」や「技術」の手前に必要なのは、感知することなのです。

「侘び寂び」というスーパーコンセプトが花開いたのも、室町幕府初期の権威的で煌びやかな世界観がよしとされていた北山文化が応仁の乱によって京の都がめちゃくちゃになったことによって廃れ、慎ましい質素さや欠けていることに美意識を見出す東山文化への移行を経て、それまでの「認知→尺度→決定」が機能しなくなった戦国時代のことでした。

　幕末の日本で「明治維新」「大政奉還」などのスーパーコンセプトがたくさん勃興したのも、約260年間続いた江戸幕府が決めた鎖国というこれまでの約束が、外圧によって揺さぶられたことによって、これまでの約束を破棄し、新たな約束を社会が掲げることが求められた結果といえます。どちらも「これまでの当たり前に対してのカウンターカルチャー」だったわけです。

　そしてそんなスーパーコンセプトも、ある１人の人間が思いついたものが社会に広まったわけではなく、１人１人の小さな違和感や、それに基づく「ここではないどこかって、もしかしたらこういうことなのではないか？」という小さなコンセプトが、星と星が星座を結ぶように大きな塊になった結果、うねりとなって現実を動かしたのではないでしょうか？　コンセプトとは何も「名前をつけること」だけを指すのではなく、新しい認知を基点に、尺度と決定を変え、最終的に現実を少しずつ変えることを指すのです。戦国時代も幕末も、「ここではないどこか」を個人も社会も求めた、まさにこのままでは成り立たないという逆境だったといえます。

▱ 激動をルネサンスに変えてしまおう

　ここまで述べてきたように、今われわれが立っている2020年代も、もしかしたら戦国時代や幕末に匹敵する、逆境の時代かもしれないし、だとするとまさに、認知スタートで現実を揺さぶっていくことが、個人も法人も「ここではないどこかへ」いくために必要なことなのかもしれません。実業家のけんすうさんがX（Twitter）で、「労働者の時代が終わり、クリエイターの時代が来る」という投稿をしていました。つまり、株式会社に雇用されることで集団で課題を解決することで生きる糧を得るという構造から、個々人が自

らの企てをもって社会と直結し「新しい認知」で他者を驚かせたり喜ばせたりすることで生きる糧を得るという構造へのシフトが起こるということです。

ソリューションが価値を生みかっこいいとされる価値観は、ChatGPTに象徴されるAIやそのほかのテクノロジーが代替することによって「人間の価値を測る尺度」から徐々に外れていき、次の「かっこよさや優秀さ」は、「ここではないどこかとは、どこなのか」を自ら試行錯誤し、着想することで、社会を認知から動かすことができるクリエイティビティになっていくとも言い換えられます。

ChatGPTは乱暴にいうならば、「これまでの人間の認知を基点にした最適解を高速で吐き出してくれる」ものです。「こういうとき、きっとこれまでの人間たちならこういう風に応えるはずだ」という回答を高速で類推して吐き出してくれる。つまり「まったく新しい認知を生み出す」という使い方は適していないのです。

今の時代がド逆境の「すぎる時代」だからこそ、コンセプトによる認知スタートの変革が求められているのと同時に、その変革によって次にくるであろう時代がまさに「コンセプトの時代」ともいえるのではないでしょうか？
こう考えてみると、「狩猟から農耕へ」に匹敵するくらいの、古い約束の破棄と更新が起こりつつあるように思います。ここからはまさに、たくさんの新しいコンセプトの、さまざまな個人や法人が次々と生まれていく、クリエイティビティが鍵となるコンセプト・ルネサンスの始まりなのかもしれません。
「ここではないどこか」に行かなくては楽しく生きられない逆境の時代だからこそ、コンセプト・センスを持つことができれば、今までより常識や慣習にとらわれずに楽しく生きていくことができる。それは言い換えると、肩書きや年齢、大企業にいるかどうかといった、かつて人々の自由や創意を阻んでいた古い約束すらもコンセプト次第で超えて行きやすい時代ともいえる気がするのです。

⬛ 創造的逆ギレこそ、コンセプトのはじまり

　クリエイティビティというと、「結局それが大変なのでは……」とか、「自分の仕事とは縁遠い話だ……」と、尻込みさせてしまったかもしれません。でも安心してください。千利休も坂本龍馬も、後世の今となっては偉人かもしれませんが、きっと最初に新しい認知を言いはじめたときは、そのときの尺度では理解されない「変なやつ」だったのではないかと思うのです。きっと、「ここではないどこか」へ行きたがっている今の私たちと同類だったに違いないのです。

　そのときに、ただただ時代を無視してわがままに振る舞うだけでなく、かといって違和感を押し殺して周りに従うでもなく、世捨て人になってしまうわけでもなく、「俺のこの違和感、俺が変なんじゃなくて、時代のほうが変なんじゃね!?」と逆ギレしつつ、「こういうのはどうよ!?」と新しい約束を提案する。彼らはそんな、**「創造的逆ギレ」の言い出しっぺ、やり出しっぺ**だったんじゃないでしょうか。

　こう考えると、私たちはすでに「ここではないどこかへ」という漠然とした違和感を持っているという点において、コンセプト起点の企ての入り口に立てています。今の社会に対して生きづらさや違和感、そこはかとないざらついた何かを感じている自分の"素養"を、「自分が変なのかなあ……」と飼い慣らしてしまわずに、**「時代と社会と、これまでの約束がおかしい、ってことにいったんしてみる」逆ギレ精神と、「たとえばこういうのはどう?」というクリエイター精神で、その気にさせてみる。そのためのコンセプト・センスなのです。**ぜひその違和感、モヤモヤ、生きづらさをただ自分の中だけで中毒にせずに、逆ギレと創造性を乗せて行動に変えていきましょう。

「ここではないどこか」を希求してしまう背景には、「すぎる時代」があり、その中では「現状の延長線上の企て」だけでは現実を変えることが難しいという事実がある。でも、人々や社会の認知から動かそうというコンセプト・センスで向き合うことで、仕事もプライベートも少しずつ、しかし確実に上向きになるはずです。

第1章のまとめ

認知と現実の循環モデル

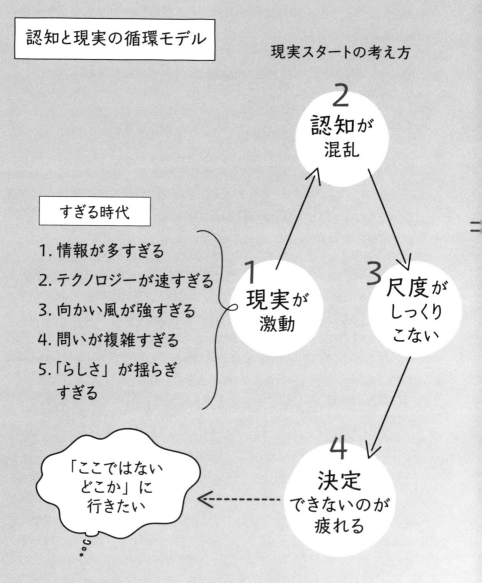

現実スタートの考え方

2
認知が
混乱

すぎる時代

1. 情報が多すぎる
2. テクノロジーが速すぎる
3. 向かい風が強すぎる
4. 問いが複雑すぎる
5.「らしさ」が揺らぎ
すぎる

1
現実が
激動

3
尺度が
しっくり
こない

4
決定
できないのが
疲れる

「ここではない
どこか」に
行きたい

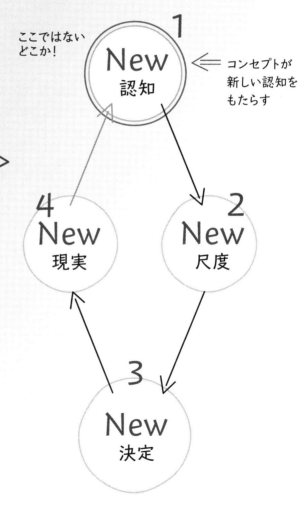

認知スタートで現実を考える!

ここではない
どこか!

New
認知
1

コンセプトが
新しい認知を
もたらす

コンセプトで
「認知の起点」で
現実を変えよう!

New
現実
4

New
尺度
2

New
決定
3

- 「ここではないどこか」の気分の時代背景は、「すぎる時代」。

- 情報が多すぎる。テクノロジーが速すぎる。向かい風が強すぎる。問いが複雑すぎる。「らしさ」が揺らぎすぎる。

- 逆境の現実を変える鍵は「認知を動かす」こと。企画とは、人の認知を動かす営みである。

- どんな新しい認知かを定義したものこそ、企てにおけるコンセプトであり、すなわち"新しい良さの定義"であり、古い約束を破棄するためにはそこから考える必要がある。

- コンセプト起点の企ては、言い換えると「創造的逆ギレ」である。違和感を新しい認知に変えていくために、コンセプトはある。

- 「ここではないどこか」を求める気持ちがあるということは、コンセプト起点の企ての入り口に立てているという証拠である。

第2章

コンセプトは私たちに何をもたらすのか？

コンセプトの要素、種類、効果

お前の生きる道は、これまでもこれから先も、
天によって完璧に決まっていて、
それがゆえに、完全に自由だ
― 井上雄彦『バガボンド』29巻より ―

激動すぎる今の時代で
「ここではないどこか」を望む僕たちが
新しい認知を基点に、尺度を変え決定を変え、
現実までも揺さぶるための、コンセプトは鍵になる。

……概念的にはわかったけれど、で、結局、
「コンセプトってどんなものなのさ？」

第2章では、実際に社会を認知から変えた
コンセプトのケースを見渡しながら、
コンセプトとはどんなもので、自分や周りに
どんな効果をもたらすのか？
もう少し輪郭をつかめるように、考えていきます。

ぜひ、紹介するコンセプトを
「これはどのように認知を変え、尺度と決定を変え、現実を変えたのか？」
想像しながら読んでみてください。
あともう1つ大事なのは、あなた個人が
「どんなコンセプトが好きなのか？」という、自分の感性です。
なぜなら、あなたの違和感や「ここではないどこかへ」という思いは
あなたの感性から生まれた心の声であり、
この先、あなた自身がコンセプトを見立てるときに
絶対に必要になるからです。
ぜひそこにも、耳を傾けつつ、ではいってみましょう。

コンセプトとはどんなものか?

■ まずはたくさん見てみよう

第1章で「なぜこれからの時代、コンセプトが大切になるのか?」という概観はおわかりいただけたかと思います。この章では、「良いコンセプトとは何か?」を、もう少し具体的に、実際の企画を通じて考えていきます。

まずは、僕が「これは良いコンセプトだ!」と感じる、好きなコンセプトのケースをご紹介します。ご紹介するものの中には、当事者が「これはコンセプトだ」と公式には表明していないものがあったり、あるいは「ビジョン」「ミッション」など別の概念とされているものもありますが、僕なりに解釈したうえで、この本で定義する「コンセプト」に合致するものです。これらのどこが「良い」といえるのか? このコンセプトによって何がもたらされたのか? ぜひ想像しながら読み進めてみてください。

マイクロソフト「世界中の家庭にPCを」

1975年にビル・ゲイツとポール・アレンによって創業されたマイクロソフトは「世界中のすべての机と家庭にコンピュータを届ける」という目標とともに始まりました。当時、途方もない非現実的なコンセプトだと多くの人が批判したそうです。このコンセプトの優れているところは「目指す未来が明確である」こと。どうなったら成功なのかが、理論的には測定可能である点です。漠然とした精神論ではなく、目指す未来のイメージをある程度明確に他者と分け持つことができるかどうかは、大事なポイントです。

亀山社中「世界を相手に商売をすることで世の中を一新する」

1865年、坂本龍馬とその仲間たちによって創設されたこの結社は、倒幕を

目指し活動しました。同時に、当時貴重であった蒸気船運用の技術を活かして、船の回送や人員・物資の輸送など運輸業に従事しました。また、軍艦や銃器の購入仲介など商業活動も行ない、「日本初の商社」としても知られています。この結社は日本で初めての株式会社だともいわれています。

シャネル「女性の体を自由にする」

　世界的ラグジュアリーブランドのシャネルは、「女性の服の解放」というコンセプトを掲げ、これまで多くの女性たちに愛されるプロダクトを作り続けています。シャネルが創業した1910年代、ウエストを締めつけるコルセットや豪華な装飾など、女性のファッションが「男性目線での美しさ」を追求していた時代に、着心地の良いジャージ素材の服や、手を自由にするハンドバックなど、自由で開放的なファッションを次々と披露しました。今に至るまでメンズファッションを手掛けないというのも、このコンセプトがあるからです。

任天堂「ゲームを万人に受け入れられるものにする」

　任天堂のコンセプトとしてはっきり明言されているものはないのですが、随所で意思決定を方向づけている考え方はこれではないでしょうか？　法人として掲げる上位のコンセプトである「ゲーム人口の拡大」を筆頭に、「ゲームをお母さんの敵にしない」「マニアやヘビーユーザーしかついてこれないようなものを作らない」という個別のコンセプトがそれを通底しています。元社長の岩田聡さんは生前、ゲームが家族の敵にならないことにこだわり、それを実現するためにゲーム機の社会受容性を高めることを追求したと述べていました。

Airbnb「Create a world where anyone can belong anywhere」

　そのサービスによって、世界中の街にホテル以外の宿泊滞在の選択肢を生み出したAirbnb。日本で「民泊」というコンセプトが広まったきっかけ的存在でもあります。Airbnbの法人としてのコンセプトがこちらの文章です。訳すなら「誰もがどこにでも居場所を持てる世界を創造する」。差別や分断が懸念される2010年代の時代の気分に対する「新しい約束」の提案になっていたコンセプトです。

神山まるごと高等専門学校
「テクノロジー×デザインで人間の未来を変える学校」

　2023年の開校と同時に多くの注目を集めた、徳島県神山町の高等専門学校。Sansan株式会社の寺田親弘さんを中心とした民間企業によって設立された点や、学費が無料な点、起業家を育成するという目標など、これまでの高等学校や専門学校の一般論から逸脱した要素を多く実現しています。

慶應義塾大学湘南藤沢キャンパス
「若者は未来からの留学生」

　慶應義塾大学湘南藤沢キャンパスは1990年に開設された当初からこのコンセプトを掲げ、「初のAO入試導入」「キャンパス内ネットワーク」「全学生・職員にメールアドレス付与」など、インターネット普及に向けた先駆的な取り組みを多数実現しました。学生たちはネットを駆使して学び、その後のIT革命に寄与することになっていきます。

LEGO「Inspire and develop the builders of tomorrow.」

　1932年にデンマークで生まれたレゴ。当初「遊びのシステム」というコンセプトで発展を遂げましたが、1980年代に特許が切れると世界中で模倣品が急増し、テレビゲームの台頭も相まって業績が急降下しました。冒頭の「閃きを与え、未来のビルダーを育む」という言葉は、どん底からの立て直しをいかに実現するか、その羅針盤として生み出されたコンセプトでした。それに基づき、商品、社屋、人事評価制度から、ブロックの素材の再生可能化というサステナブル領域まで、通底した企業運営を実現し、復活を遂げました。

iPod「1000曲をポケットに」

　初代iPodの初披露時のスティーブ・ジョブズのプレゼンテーションはあまりに有名ですが、そこで語られたiPodのコンセプトがこちらです。端的に何を実現する商品なのかが伝わり、かつジョブズが自らのポケットから商品を取り出すという演出も相まって、忘れられない印象を残しました。「驚きの大容量」といった抽象的な表現にせず、「1000曲」という具体的な数字を使ったことも、このコンセプトの表現の優れた点ですし、もはやそのまま広告コピーになっているともいえます。

ファイブミニ 「飲む繊維」

　大塚製薬が1988年に発売開始した食物繊維飲料。「繊維」なのに「飲む」という、人の認知を逆転させたコンセプトで、今も売れ続けるロングセラーブランドになりました。前述の「1000曲をポケットに」と同様に、一見相反する2つの概念をくっつけた構文も、コンセプトには非常によく見られます。「食べるラー油」もそうですね。もちろん、ただ逆説をくっつけるだけでなく、「食物繊維が大事なのはわかってるけれど嚙むのが面倒くさそう」というインサイトに対して、「飲めてしまう」という解決の提案をできているのが、シンプルな言葉の裏にあるよくできた構造です。

YOLU 「夜の間にキレイを作る」

　近年、数々のユニークなコンセプトの商品で大手企業を上回る業績を上げているI-neの代表商品であるヘアケアブランドYOLUのコンセプト。これを起点に、「ナイトケアビューティーブランド」というブランド定義や、「夜間美容」というライフスタイルキーワードの創造など、鮮やかなコンセプト起点の新市場創造だと感じます。社内コンテストから出てきたこのアイデア、実は発売前の市場調査での評価は次点だったそうです。「消費者の評価だけでコンセプトの良し悪しはわからない」というポイントも透けて見えるケースです。

ヘラルボニー 「福祉実験ユニット」

　障害に対する社会におけるイメージの変容と、福祉起点の新たな文化の創造を目指す、株式会社ヘラルボニーが標榜する自己定義のコンセプト。障害者側が社会に順応するばかりではなく、社会の側を変化・順応させていくことを目指し、そのために「福祉という領域を拡張するイノベーションを目指す」ために、単なる株式会社ではなく、自社を「福祉実験ユニット」と定義したそうです。障害を持つ作家のアートをあしらったファッションアイテムをブランド化するなど、数々のユニークな活動を仕掛けるその背景には、この自己定義コンセプトがあるいうことです。ちなみに僕は「異彩を、放て。」というミッションも大好きで、強いコンセプトからは強い行動指針が生まれるのだなと改めて感じます。

「友達がやってるカフェ」

　2023年に原宿でオープンしたカフェの名前であり、そのままコンセプトでもあるのが「友達がやってるカフェ」。僕の元同僚でもあるクリエイティブディレクターの明円卓さんが発明したコンセプトで、その名の通り「久しぶりじゃん！」「店内？　持って帰る？」といったタメ口の接客による"擬似友達体験"を味わえるカフェで、まるで行きつけのお店を持ったような感覚が話題になっています。若者を中心にTikTokで大きな話題になりました。「外食産業の店員は、失礼のない完璧な接客でなくてはならない」という認知を逆転させることで、ありそうでなかったユニークな体験を実現した事例です。

「課題先進国」

　元東京大学総長の小宮山宏氏が2007年頃に提唱した「社会通念のコンセプト」。当時から日本の将来については、「少子高齢化」「教育問題」「環境資源問題」など、課題が山積みで、暗い論調で語られることばかりだったところ、その認知を「課題が多いということは、他国に先駆けて先進国がたどる未来を体験しているということ」「その解決ができれば、世界史の中で主役になり、学びの対象として参考にされるはず」という、180度逆転した前向きなものに転じるコンセプトでした。10数年経った今でも通用すると感じさせるコンセプトになったのは、「現実ではなく、認知を変えることで未来の可能性に気づく」という、まさに第1章で触れた考え方ゆえだと感じます。

「ゆるスポーツ」

　世界ゆるスポーツ協会の代表である澤田智洋さんが提唱した「社会通念のコンセプト」。これまでスポーツについて回ってきた「勝利至上主義」「運動神経がない人や体格、年齢的にハンディのある人は楽しみにくい」といった常識に対して、ご自身も「運動音痴だ」という澤田さんが、「年齢・性別・運動神経・障害の有無にかかわらず誰でも楽しめるスポーツを作ってしまえばいいんだ！」という思いとともに生み出したものです。「できない自分がいけないんじゃなくて、スポーツのルールが俺に適してないんだ！」という、まさに「創造的逆ギレ」発想から生まれたコンセプトで、同じようにこれまでのスポーツ経験で嫌な思いをした人たちを中心に支持を集め、2016年の本格始動から今まで、注目を集め続けています。

スターバックス「サードプレイス」

　自宅でも職場でもない「第3の居場所」というコンセプトを掲げたスターバックスは、人々の新しい生活様式にもなり、既存の「喫茶店」や「カフェ」とは別の立ち位置を確立しました。「第3の○○」という構文はコンセプトではよく使われますが、同時に「どういう点で第3なのか」という定義を、第1、第2と併せて明確にする必要はあります。

「パーソナルコンピュータ」

　こちらも「社会通念のコンセプト」として、今や世界中の人が当たり前のように認知しているコンセプト。提唱したアラン・ケイは1960年代後半から1970年代前半にかけて、当時所属していたゼロックスのパロアルト研究所でコンピュータのあり方について思案し続けていました。それまでのコンピュータは非常に大型で部屋をいくつも占有する代物で、操作にも専門知識が必要で、かつ大変高価だったため、一般の人々には直接関係のない存在でした。ケイは、教育分野への応用を考える中で、「子どものためのコンピュータ」という初期のコンセプトを思いつき、それを発展させる形で、すべての人々がコンピュータを使い将来の世界を良くするという思いから、「パーソナルコンピュータ」という概念を生み出したといわれています。そのコンセプトが多くの開発者やコンピュータ産業の行く末を強烈に方向づけたことは、現在のパソコンと人間の関係性を見れば言うまでもありませんよね。

　いかがでしょうか？

　こうして見てみると、コンセプトは商品、企業団体、社会通念と、多岐にわたる「企て」に搭載されていて、私たちの生活の中、社会の中の至る所に存在することが、おわかりいただけるかと思います。ある程度以上、世の中で知られ、支持する人が多い企てにはコンセプトがあるともいえますし、逆にいえば、**「コンセプトがあったからこそ、そのような存在にまでなれた」**ということかもしれません。

⚓ コンセプトを構成する「3要素」

　実例をまずは見ていただきましたが、共有しているいわば「コンセプトを構成する要素」は何か？　シンプルにまとめると次の3つで構成されています。

1. 誰による？（by）
2. 誰に向けた？（for）
3. 何についての？（what）

　1つ目の「誰による」は、【定義されたコンセプトを実際に使うのは誰か】という意味です。このときの"使う"とはつまり、コンセプトに基づいて企てを考えるということ。AKB48であれば「AKB48のメンバー本人たち、および運営サイド」になりますし、スターバックスであれば「スターバックス社およびスタッフ」になります。パーソナルコンピュータであれば「当時のコンピュータ産業にかかわる多くの人々」になるといえるでしょう。ここは、最小単位であれば「ある1人の人」から、最大は「国家」レベルまで、サイズはさまざまあります。

　2つ目の「誰に向けた」は、【このコンセプトに基づいて創造される企てを受け取るのは誰か】を指します。AKB48であれば「アイドルファン」になりますし、スターバックスであれば「スターバックスのお客様」になります。パーソナルコンピュータであれば「地球上のほぼすべての人々」を当初から射程に入れて考えられていたと言えます。必ずしも1種類だけになるとは限りませんし、「直接、お金を払ってくれる人」のみを指すとも限りません。「顧客」「消費者」としてもおおむね間違いではないのですが、商品やサービスの売り買いを前提としない企てのコンセプトも存在するので、"消費"という言葉でくくるのもちょっと立ち止まって考えたほうがいいポイントです。「価値を受け取ってもらいたい相手は誰なのか？」くらいで、まずは理解していただけるとよいと思います。

　3つ目の「何についての」は、【コンセプトの対象の事物】のことです。AKB48、スターバックスなど、企ての対象そのものが何なのかを指します。

3つの中で一番わかりやすい要素ですが、コンセプトを実際に検討する段階では意外と「あれ、今考えてるのって、チームそのもののコンセプトなのか、今回のプロジェクト限定のコンセプトなのか、そこで生み出す商品のコンセプトなのか、わかんなくなってきたぞ……？」という、"何のコンセプト考えてるのか迷子"は、よく起こります。考えているうちに「コンセプトを定めることで、何を得たいのか？」がこんがらかってしまうことが主な原因ですが、それを定義する方法ものちほど説明します。

　　誰による、誰に向けた、何のコンセプトなのか？

　この3要素でコンセプトは出来上がっているということをまずは本書の大前提にします。

⌗ コンセプトの性質は「3種類」

　そして見てもらったさまざまなコンセプトを、3つ目の「何の」で大まかに分類すると、世の中には大きく3種類のコンセプトが存在します。

A.「人の企て」のコンセプト
　主な例：企業、団体、チームやグループ、ユニットやコンビ、部署や部門、学校、家族や一族、コミュニティ、地域

B.「モノゴトの企て」のコンセプト
　主な例：商品、サービス、施設、イベント、キャラクター

C.「思想の企て」のコンセプト
　主な例：研究活動、マーケティング戦略、国家運営方針、ライフスタイル、表現、構想、価値観、社会現象

「人の企て」のコンセプトは「われわれは何者で、どんな志を持ったどんな存在なのかの定義」とも言い換えられ、企業の経営方針なども大きくは含ま

れます。対象は1人の個人から、数千人単位の集団まで、さまざまです。

「モノゴトの企て」のコンセプトは商品やサービスのコンセプトで、たとえば今からコンビニに行って棚を見渡せば、どの商品にも何かしらのコンセプトがあるはずです。あるいはAKB48のような、アイドルやスポーツチームはある意味A「人の企て」でもあるのですが、商品であるという側面から考えると、B「モノゴトの企て」にも分類できます。

C「思想の企て」のコンセプトはこの中では一番、実体がわかりにくく、かつ「AとBだって思想の話をしているじゃないか!」というご指摘はごもっともではありますが、言い換えれば「特定の人やモノゴトと一対一で対応するものではない、考え方や価値観そのもののコンセプト」といった種類になります。ビジネスでは「マーケティングのコンセプト」「デザインのコンセプト」「今年下半期の営業活動のコンセプト」のようなものから、「所得倍増計画」のような国家運営のコンセプトもCといえそうです。

厳密に分類することにはあまり意味はないのと、実は良いコンセプトほどA「人の企て」、B「モノゴトの企て」、C「思想の企て」の区別を超越して1つで複数の意味を包含するようになるので、頭の整理程度に認識していただければOKです。

ここまでをまとめると、「コンセプトの構成要素と主な種類」はこのような主なパターンが存在すると整理できます。それぞれ概念化した例でまとめると次のようになります。

A.「経営層による」「全社員に向けた」「企業マネジメントの」コンセプト
B.「マーケティング部による」「お客様に向けた」「ブランドXの」コンセプト
C.「内閣による」「国民に向けた」「今年度の国家運営の」コンセプト

何となく、わかってきましたでしょうか?
気づいている人もいるかもしれませんが、実は3つの構成要素がそれぞれ、同じものになることもあります。「社員による社員に向けた」みたいに、当事者と価値の受け手が同じ集団になることは、実際に企業を主語としたコンセプトではよくあります。あるいは、AKB48のように当事者そのものが商

品であるという、1つ目と3つ目がほぼ同義というケースもあるでしょう。究極的には「われわれによるわれわれに向けたわれわれのコンセプト」みたいなこともあるのかもしれません。

　実はこの、各要素が同じになるということ、テクノロジーで人と人がつながり、ビジネスも日常生活も「主と客」のような別々の関係性ではなく、同じ立場でフラットにインタラクティブに共創をする関係性が広がる今、増えている現象だと感じます。

　たとえば「コミュニティのコンセプト」などは、運営側と参加者で別々に用意する必要もなければ、コンセプトを使用する側とそこから生まれた価値を受け取る側が分かれていないことのほうが多いかもしれません。

　どんな階層、どんな立場でかかわる人にとっても、意味がわかって価値の根っことして機能するコンセプトが最強のコンセプトかもしれないというお話は、追って詳しく述べますが、最初から「みんなのコンセプト」のように一緒くたに考えると、「平和な未来をともに」のような抽象的すぎるものしか考えられなくなる恐れもあるので、まずはいったん分けて話を進めます。

コンセプトの要素と種類

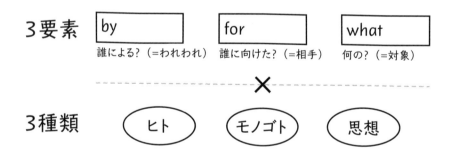

コンセプトがもたらすこと
とは何か?

■ 「優れたコンセプト」がもたらす5つの効果

　先ほど紹介したような「優れたコンセプト」は、誰に何をもたらしているのでしょうか?

　代表的な効果は以下の5つで表せると僕は考えます。

「定まる」
「閃く」
「際立つ」
「集まる」
「続く」

　それぞれ説明していく前に1つ、僕が以前住んでいた町の蕎麦屋で実際に起こった話をさせてください。そこはけっこうおいしくて、決して有名ではありませんでしたが、地元の人にも愛されている蕎麦屋でした。

　しかし、あるときからランチタイムに「ナポリタン」の提供を始めたのです。「何で急にそんなことを?」と、頭に「?」は浮かんだのは僕だけではなかったはずです。見渡す限り周りでそれを頼む人はあまりいなかったように思います。それから徐々に僕はそこに行かなくなってしまい、残念ながらそれからしばらくして店は閉まることになってしまいました。

　僕にとってこのエピソードは「コンセプトを見失ってしまったことによって起こったバッドケース」だと認識しています。ナポリタンがおいしかったのかどうかは、結局僕も注文しなかったので今となってはわかりませんが、**論点は「ナポリタンの単体性能の良し悪し」ではない**といえるのではないでし

ようか。何が起こったのかはこれから1つ1つの効果を説明することで理解してもらえると思いますが、

　　ナポリタンを始めてしまったことで
　「お店としての存在意義が"定まらなくなってしまった"」
　「自分たちらしいアイデアが"閃かなくなってしまった"」
　「ナポリタンの存在によって、そのお店の存在感が"際立たなくなってしまった"」
　「それまで来てくれていたお客さんが、"集まらなくなってしまった"」
　「結局、そのお店が"続かなくなってしまった"」

という風に見えるのです。では、良いコンセプトを持ってそれにのっとってお店の運営をやれていたらこうはならなかったのではないか？
　コンセプトの1つ1つの効果の話をします。

🏳 効果その1　「定まる」

「自らが企てを形作っていくべき、価値の方角が定まる」というのが1つ目の効果です。価値の方角が定まることで、それにのっとって「いつ」「どこで」「誰に対して」「何を狙って」「どんなことをやるのか？」といった、企画の諸変数を何にのっとって決めていけばいいのかも定まります。コンセプトの対象である企画における「認知＝人にそれを何だと思ってもらいたいのか？」「尺度＝何を追求すればいいのか？」「決定＝どう決めたらいいのか？」のそれぞれの方角が定まるともいえます。

　AKB48を例に考えます。
　たとえば、まだ何も企てが始まっていない最初の段階で、「これまでにない、もっといいアイドル」を考えようとしたとしましょう。さて、"もっといい"とは、何において"もっといい"のでしょうか？　「もっと踊れる」「もっと歌がうまい」「もっとスタイルがいい」「もっと集客できる」……さまざまな尺度における"もっといい"が考えられますが、コンセプトなしに考えつくそれらの尺度はたいていの場合、すでにその領域で"良いとはこういうことだ"

が当たり前になっている、既存の尺度です。

　既存の尺度で「もっといいもの」を作ろうとしても、人々の認知そのものをリセットする企てを作ることは難しいのではないでしょうか。確かに、何かいい感じだし最近デビューした新しいグループなのはわかるけれど、よほど突き抜けた優位性、それこそまったく別物に見えるくらいの強さがなければ「何か見たことがある感じのグループ」と思われてしまうのではないでしょうか。

　これでわかるのは、**"新しさ"というのは、新発売だとかデビューしたてといった"事実としての新しさ"ではなく、「新しい存在に見えるのか?」という"認知の新しさ"によって規定される**ということ。つまり、企画する側が決めることではなくて、受け取る側がそれを新しいと感じるかどうかで決まるということです。そして既存の尺度の延長線上で、「認知としての新しさ」を受け取ってもらうのは、なかなか大変です。

　AKB48が持ち出したコンセプトは「会いに行けるアイドル」です。これは、それまでのアイドル業界にはほとんどなかった「会える」という、アイドルに対しての新しい認知を掲げたということ。「アイドルとは、会えないからこそ価値があるのだ」というのがそれまでのアイドル業界の認知で、「高嶺の花として手が届かない存在であるがゆえに、人々はそこに憧れを抱くはずだ」という、ある種の神秘性や偶像性（元々idolというのは、偶像という意味）を良しとしていました。

　そんなこれまでの認知に対して、「会いに行けるアイドル」というコンセプトは、完全に「アイドルに対しての人々の認知をリセットする」コンセプトでした。認知がリセットされれば自ずと、「アイドルにおける"良い"とは何か」という尺度もリセットされ、新しい方角に定まります。「歌うま度」「踊れる度」「美スタイル度」などの既存の尺度の中に突如、「会える度」という新しい尺度がもたらされたわけです。そして、この尺度によって、「では、この新しいアイドルは実際には、何をしていくべきなのか?」という、具体アクションの決定も、定まっていくわけです。

認知（こう思われたい）＝「このアイドルには"会える"」という新しい認知

尺度（これを追求しよう）=どれだけ「会えるのか」という新しい尺度
決定（よってこうするべき）=実際に会える具体アクションという、新しい決定

　３つのリセット項目に対して、「どういうリセットをするのか？」という"軸が定まる"わけです。

　定まることで
「効率が上がる」
・論点にエネルギーを集中できるので、濃度が上がる
・決定までもスムーズになり、時短になる
・複数の関係者をまたがる合意形成にも耐え得るようになる
　　　　　　×
「独自性が高まる」
・「悪しき意思決定」にハマらなくなる
・これまでの常識では採択できないようなアイデアを採択できるようになる

　ここでいう「悪しき意思決定」とは、大きくは次の4つです。

1.「鶴の一声」
　偉い人がいいと言ったものを採択する。ここでいう「偉い人」とは、上司や社長だけでなく、力関係が上の取引先なども含まれます。

2.「事例ベース」
「よそはどうなの？」「競合他社はどうなの？」「シリコンバレーはどうなの？」など、答えをよそに求めて、それに引っ張られて採択する。

3.「多数決」
　意思決定にかかわる人たちで投票をして採択する。

4.「止むに止まれず」
　かけられる時間をはじめとするリソースが枯渇するまで決められず、最後に仕方なしに決める。

元サッカー日本代表監督の岡田武史さんの「決断とは、答えがわからないからするんです」という言葉があります。それに照らすなら、悪しき意思決定はどれも「答えがある」という前提で動いてしまっています。要するにどれも「これまでの認知と尺度にのっとった決定」になってしまいがちなのです。

　「偉い」というのも、今日までの過去の実績によって「偉い」場合がほとんどですし、「事例」なんてまさに、過去の話です。それでなされる意思決定は常によそがすでに実行し終えたあとの「後手を引く」ということになります。「多数決」も、新しい尺度を示したうえで最終的に決を取るのは悪くないかもしれませんが、「どう決めたらいいのかわからないし論点が錯綜しているから、とりあえず多数決で決めちゃえ」という逃げの多数決になってしまうと、結局大多数の人の認知はこれまでの認知のままなので、その認知にのっとって行なわれる多数決の結果は、新しい意思決定になりません。「止むに止まれず」は、論外ですよね。どうせそう決めるのであれば、初日に「えいや！」で決めて残りの時間でディテールを磨き込んだほうがきっと良い企画になったわけですから。

　その結果、

「企画が通らない。潰される」
「『それ売れるの?』という悪魔の証明を突きつけられてしまう」
「『もっといい案ないの?』という終わりなき代案探しが始まる」

という現象が起こります。「ここではないどこか」へは、行けそうもないですよね。それもそのはずで、**現状を維持・強化するこれらの「悪しき意思決定」は、「ここ」を前提にしている**のですから。

　今までの認知と尺度の引力は、強力です。「売上がすべてじゃない」「競合動向がすべてじゃない」と、口では言う経営層も、いざ実際に斬新なアイデアを採択するか否かの意思決定の土壇場で、「うーん、とはいえ、やっぱり売上も大事だから」などと言ってしまい、結局はいつもの繰り返しに……なんてことも、よくありますよね。
「うちの会社は、イノベーティブな企画を起案する現場社員や若手がいない

んですよ」と嘆く経営者の方の相談に対して僕は、「イノベーティブになれないのは、企画が足りないだけではなく、"イノベーティブな企画を意思決定できる仕組みがそもそも組織内に搭載されていない"せいもあるかもしれませんよ」とお伝えするようにしています。その陰で、見えないうちに死んでいく、あるいは最初から「どうせ採択されない」とあきらめて、出されもしていないイノベーティブな企画があるかもしれない。

コンセプトがあることによって、「そもそも、これから追求すべき"新しい良さ"の尺度が定義されていない」ということを回避できます。もちろん、意思決定する側だけの問題とせずに、企てる側も、その企てに「コンセプトが搭載されている」状態で提案することで、「この企画の"新しい良さ"とはこれである」という"決め方を決める"ことをうながすことはできます。**コンセプトとは「正解探しの技術」ではなく、「正解がない物事を決断する技術」なのです。**

僕の好きな尺度の例の1つに、任天堂のKPI（Key Performance Indicator：重要業績評価指標）があります。任天堂にはゲーム事業を営むうえで「世帯あたりユーザー数」と「リビング設置率」という2つの独自指標をKPIにしています。

このKPIは、「年齢、性別、ゲーム経験の有無を問わず誰でも楽しめるゲームを作っていく」という法人としてのビジョンを背景に、「家族の団欒の敵になるゲームを作りたくない」という、法人としての思いがこめられています。ゲームといえば、やりすぎてお母さんに子どもが怒られるとか、自分の部屋にこもってずっとゲームばかりやってしまって家族の会話が減るとか、何かと「家族の敵」のような悪影響について語られがちな存在であるからこそ、自社の事業が、家族の幸せに反する方向に行かないよう、そのKPIを設置したのだと思います。

それはたとえば、「個人向けのスマホゲームで、課金ユーザーを増やしていくことが売上UPには有効」という戦略仮説が生まれたとしても、「任天堂のコンセプトに反するのでやらない」という決定をすることでもあります。「儲かる」という、ビジネスにおいて反論することが難しい強力な尺度に対して、しっかり抗いながら「新しい、自分たちらしい尺度と決定」を守るために、コンセプトを効かせられているエピソードですよね。

昨今、さまざまな法人で「非財務指標」の重要性が議論されているのも、このように、短期的な売上至上主義の「定め方」で損なわれてしまう可能性を守るためだといえます。この整理でいえば、**法人における非財務指標とは「コンセプト実現度」でもある**ということです。

　アメリカを代表する投資家の1人ベン・ホロウィッツは、「法人にとって何が大事なのか？」という問いに対して、「お金は空気のように大事だけれど、空気を吸うために生きている人はいない。法人も同じだ。」と言っています。空気のためではなく、「何のためにその企画や組織は存在しているのか？」を定義するのもまた、コンセプトだといえます。

　コンセプトがあれば、「自分たちらしく定めることができる」というのが1つ目の効果です。複雑な適応課題ばかりだからこそ、**オリジナルな案を採択するための「オリジナルな決め方を決めておく」ためにも、コンセプトは必要**なのです。

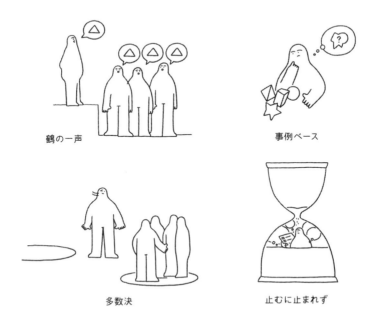

鶴の一声

事例ベース

多数決

止むに止まれず

▣ 効果その2 「閃く」

　ほかとは異なる、自分たちが追求すべき尺度が何か定まることによって、「どの方角のアイデアを出せばいいのか」が明確になり、より良い閃きが生まれやすくなります。それなくして、ただ漠然と「何かいいアイデア考えてよ」というモードで企てを考えても、「誰かの真似事」「小手先の微差勝負」「安さや物量を前提にした体力勝負」になりがちです。

　それらはどれも、最大手やリーディングポジションのプレーヤーが勝ちやすい土俵に自ら入ってしまうことになります。他者も散々考えている問いを、遅れて同じスタートラインから考えているようなものです。「何かいいアイデア」は、まさに「ここではないどこか」の1つのパターンともいえるでしょう。このままでは、ただの現状への不満やないものねだりから脱することはできません。

「もっといいアイドルのアイデアを出せ」と脳内で自分に指示するより、「もっと会えちゃうアイドルのアイデアを出せ」と指示するほうが既存の認知から脱し、「どんなアイデアを出せばいいか？」が一気にクリアになるのではないでしょうか。

　加えて、任天堂の例のように、「やってはいけないアイデア」も明確になるので、いわば企てのストライクゾーンがはっきり決まってきます。闇雲に全方位に投げるよりも、「ここに投げてください」というマトがはっきりするほうが、当然、良いアイデアに行き着く可能性は上がりますよね。言い換えれば**コンセプトは、良い閃きを呼び起こすための「いい問い」**になるのです。

「会いに行けるアイドル」というコンセプトは、「どうしたら、これまでのアイドルとは一線を画する、会いに行ける存在になれるか？」という問いにそのまま置き換えることで、「劇場公演」「総選挙」「握手会」といった、新しい企画に発想をつなげられたのではないでしょうか。

　1つ目の「定まる」とこの「閃く」は、対のような存在で、コンセプトを軸にした好循環を生み出すことができます。

「この企てで追求すべき尺度が"定まる"」

↓

「尺度に沿った"良い問い"が立っている状態で、独自のアイデアが"閃く"」

↓

「閃いたアイデアの中から、尺度にのっとったアイデアが"定まる"」

🔖 効果その3　「際立つ」

「定まる」と「閃く」の相乗効果が上がれば上がるほど、それによって「独自のらしさ」が浮かび上がってくるというのが、3つ目の「際立つ」です。「定まる」「閃く」はどちらかというと企てる側の話でしたが、3つ目の「際立つ」は、その企てを外から見る側の話も含まれてきます。

　情報が多すぎるこの時代において、「際立つ」ことはとても重要です。昔は、近所にこのお店しかないとなると、そこを選ぶしかない時代でした。けれど、今はどんな情報にもアクセスできる時代です。際立っていないと、いくら近かろうが認知もされない可能性が高まり続けているということです。

　人は、ものをいっぱい見て情報に多く触れると、自然と「見る目」が肥えてセンスが磨かれます。そんな時代を生きる人々は今、自分向けか自分向けじゃないかを瞬時に判断し、直感で情報のふるい落としをしているともいえます。だからこそ、コンセプトをしっかり持ち、際立たせなければ、選ばれない時代になるのです。

　さらに、際立つことの価値は、その企てに直接触れた人が、触れていないほかの人に紹介するときにより役立ちます。「あなたが紹介してくれようとしているそれ、要は何なの?」をわかりやすくしたほうが、記憶に残りやすく、ほかの人にシェアされやすくなるのです。さまざまな変数をクドクドと説明しないと伝わらない企ては、伝える相手にも「聞く負荷」を高くかけてしまいます。若者研究をしていてもここはかなり重要なポイントだと感じるところで、若者の多くは「相手も忙しいので、伝えづらいモノゴトは申し訳

ないので話題にもしない」が基本のマナーのようになっています。そんな中で、「あー、要するに、会えるのよ、アイドルなのに」と、一番の「らしさ」を際立てて伝えやすいのは、強力な拡散力につながります。

　特に、まだ企画が具体化される前の段階でのチームメイトや社内への説明は、実物を見せて説得することができません。世の中に向けてまったく新しい企画を訴えかけるときも同じくです。新しいモノゴトへの期待値は「まだない」わけで、そんな実態をともなう前の「まだないものへの期待」を生み出すためにも、特に実装の前段階におけるコンセプトでの際立ちは重要です。

　このような「伝えやすさ」に加えて、コンセプトがあると企画の構成要素のすべてに統一の世界観が生まれる効果もあります。コンセプトは表に出る言葉とは限らないので、コンセプトそのものが人の心をつかむのではありませんが、そこから醸し出されるすべてが統一され、「際立つ」。

　僕はその結果が「何か好き」という状態だと思っています。そのものや商品にまつわるすべての活動を良い積み重ねにし、総合得点につなげることができる状態。それが、コアにコンセプトがある状態なのです。そしてこの「何か好き」は、一種の最強な到達点で、なぜなら簡単に言語化できない魅力は一番真似されないからです。

　「早い」「安い」「長持ち」のような単一個別のスペックではなく、そのブランドや商品の佇まいが「何か好き」。言い換えると、その存在にちゃんと「世界観がある」ということともいえます。単一のスペックだけで「らしさ」を際立てようとすると結局は「もっと早い」「もっと安い」ものが出てきた瞬間に弱い企画に成り下がってしまいます。

　コンセプトをコアにおき、それにのっとった「定まる」と「閃く」のポジティブサイクルを繰り返すことで、そこから醸し出される統一された世界観で、企画は「何か好き」という愛され方の究極系にたどり着けるのです。

　これは決して「対お客様」に限った効果ではなく、従業員はもちろん、地元の人たちなど、かかわるすべての人にとって「それじゃなきゃダメな理由」がある状態ともいえます。適応課題の時代において、たとえば「お客様が喜

んでいる陰で、従業員が疲弊していく」「株主に喜んでもらうために、取引先に無茶を言ってしまう」のような、“あちらが立てばこちらが立たず”の経営が見直され、ステークホルダー資本主義が叫ばれるようになった昨今、この「際立つ」の効果はとても意味があります。

　もしかしたら「蕎麦屋のナポリタン」は、ナポリタンによって「統一された世界観」を自ら崩し、もともと築き上げていた「何か好き」という支持に疑問が生じる状態を自ら作ってしまったといえるのかもしれません。

⤷ 効果その4　「集まる」

　かかわるすべての人にとって「それじゃなきゃダメな理由」があることで、当然ながらさまざまな、企画のエネルギーが集まってきやすくなります。具体的には、人、モノ、お金、注目などです。

　まずは何よりも、この企画の顧客が集まりやすくなります。際立つことで、集まってほしい人に「あ、これまさに私みたいな人のためのものだ！」と、ピンときていただきやすくなったり、たくさんの情報の海の中から見つけていただきやすくなります。それは同時に、「私はそういう企画は別に好きじゃない」というような方が、間違ってやって来てしまうことを防ぐ効果も生みます。「かかわるすべての人」という書き方の真意は実はそこで、企画をするうえでそもそも、「この企画にかかわってほしい人と、そうでない人の、境界線はどこに引けるのか？」という定義そのものも、コンセプトで決まるということです。

　「会いに行けるアイドル」とするからには、“別にアイドルに会いたいわけじゃない”という人は境界線の外になりますし、「サードプレイスとかよくわからないから、とにかく狭くても汚くてもタバコ臭くてもいいので安いのが大事」という人もスターバックスにとっては境界線の外になりそうです。良いコンセプトは「誰からも愛される」という効果を生むのではなく、「好いてくれる人と嫌う人を明確にし、結果として“どうでもいいと思う人”を

減らす」効果を生みます。すべての企画には「適切な半径」があり、売上高や顧客数が大きければ大きいというわけではありません。コンセプトは「適切な半径」を定める根拠にもなるのです。

「閃く」のところで述べた「やってはいけないアイデアがはっきりする」のと同じように、「無理してかかわらせようとするとこの企画のらしさが崩れてしまうような人を、あらかじめ特定しておく」ことで、不用意にお応えできない期待を抱かせてしまうことを避けることができます。結果、集まってくれた人同士も同じ動機で集まった集団になるので、ファン同士のつながりが強まったり、さらにその魅力を広げていく原動力になってくれます。

　集まるのは顧客だけではありません。企画の運営サイドに必要なさまざまな資本も集まりやすくなります。
　たとえば人材。前述のCOVID-19に対してのWHOの対応のように、適応課題の解決には、異能の結集が必要です。異なる専門性をお互い越境しながら、摩擦を乗り越えて新たな解を出す必要があるのですが、正直、そのような集団は同質性が高い集団よりも「面倒くさい」わけです。この面倒くささに負けて、チームが瓦解したり、結局従来通りの前例にのっとった企画を「悪しき意思決定」で採択してしまっては、適応課題は解けません。
　昨今、DE＆Iに象徴されるような組織の構成員の多様性を重視する機運が高まっていますが、「何となくやらないと世間的にマズそうだから」という理由だけの企業は特に、この「目先の面倒くささ」に負けてしまう傾向にあります。

　だからこそ、集まる前の入り口で「この企ての方角」をしっかり示すことで誤解や期待値調整ミスを防ぐと同時に、志の方向を整えたり、進む途中に「立ち返るべき羅針盤」を共通認識化しておくことで、空中分解のリスクを可能な限り下げる必要があります。

　資金についても同じことがいえます。クラウドファンディングに象徴されるように、テクノロジーが発展した現代では「何をしてきたのか？」という実績だけでなく、「これから何をしようとしているのか？」という期待値に資本が集まる仕組みが社会実装されました。自動車メーカーのテスラの時価

総額が、世界中の有力自動車メーカーを足しあげたものと同等レベルになったことが話題になりましたが、「これまで何台の自動車を売ってきたのか？」ではなく、「これから何を成し遂げようとしているか？」に資本が集まっている証拠ともいえます。

「これからやろうとしている、まだ形になっていない企て」に資本を集めるのは実際の完成品で説得することができないため、とても難しいことです。クラウドファンディングのページにも象徴されるように、だからこそ「コンセプトが最重要」なのです。

「顧客が集まる」「人材が集まる」「お金が集まる」という大きく３つの"集まる効果"を紹介しましたが、最近はお客様サイドと運営サイドの区別がなくなって一体化しつつあります。クラファンもそうですし、コミュニティの企画運営なども、「顧客でもあり、運営スタッフでもあり、支援者でもある」のような、主客一体の企画も当たり前になっています。相手によってコンセプトをそれぞれ作り分けるのではなく、「かかわるすべての人にとって」という考え方は、今後ますます重要になっていく気がします。

⚓ 効果その5　「続く」

　コンセプトがしっかり定義されている企ては、長く続きやすくなります。これは決して、「最初にコンセプトをしっかり決めておけば、勝手に長く続きやすくなる」という意味ではなく、「長く続けていく過程で、ずっとコンセプトは効果を発揮し続ける」という意味です。ここまで紹介した「定まる」「閃く」「際立つ」「集まる」は、その企てが続く限り、螺旋階段を登るがごとくグルグルと繰り返す継続的な効果であり、その都度その都度、コンセプトの効果が少しずつ上乗せされるといえます。

　たとえば「定まる」でご説明した意思決定。企業や組織は意思決定の連続で、それは企画のリリース後も日々続きます。これまでの前提がそのまま通用せず、かつ高速回転する今の時代は特に、意思決定の量は増え、質的な難易度も上がっているといえるでしょう。

コンセプトをもって意思決定ができれば、「増え続ける日々の意思決定１つ１つの質を上げやすくなる」「何が変えてはいけない普遍性なのか判断できる」という大きく２つの効果を得ることができます。結果的にこのような意思決定を日々繰り返す企画は、単なるトレンドやブームで終わらずに、ある種の「普遍的な価値」を帯びることができます。

　「変わらないために、変わり続ける」という言葉に象徴されるように、何かが続くという現象は、厳密に同じ物事が長らえていくというわけではなく、その中で「新陳代謝」のように古いものが終わり新しいものに変わりゆく結果として続いていることが多いのではないでしょうか。そしてその代謝の瞬間の、新しいことを世の中に問うときにこそ、コンセプトは期待値のゲタとして、受け入れられる確率を上げてくれることが多いです。

　AppleがiPhone3Gを最初に日本で発売したのが2008年。当時、ケータイ評論家の多くは日本市場におけるiPhoneの成功に懐疑的でした。「日本の絵文字文化を理解していない」「ギャルの爪の長さではタッチパネルの操作は難しい」など、批判の根拠の大半はその製品性能に対してでした。ところが、結果は見ての通り。15年たった今でも最も売れているスマートフォンとしてiPhoneは世の中に君臨しています。
　なぜ、特異性が高い日本のケータイ市場で、しかもケータイ門外漢のAppleが成功を収められたのか？　それは人々が、iPhoneの性能以上に、Appleが掲げ続けてきた、"自分らしく生きることを支援する"という法人としてのコンセプトに期待をしたからではないでしょうか。

　前述の通り、これから発売されるまだ見ぬ商品への期待は、商品の具体的な中身を事前に理解することが難しい分、「それをどう認知するか？」というコンセプトによる部分が多くなります。Appleを「性能の良いケータイを作れるか否か」という製品の性能という指標で見た批評家と違い、「これまでのPCや音楽プレーヤーのように、人々の創造性を解き放ち、人と違う生き方にいざなってくれるに違いない」という、企業そのもののコンセプトに基づく期待でAppleファンたちは見ていました。
　製品性能のような「現実」だけではその成功は点で終わってしまうかもしれませんが、その法人が持っているコンセプトに愛着を積み重ねられていれば、

たとえば門外漢といわれるような新しい取り組みに打って出たとしても、法人そのものへの信頼が新しい企画への期待をベースアップしてくれる。コンセプトは、行為への信用だけでは得られない、「人格への信頼」の源泉にもなり、それが「続く」という効果を生むのだと思います。

　今となってみれば批判的な評論家のコメントはすべて「現状の認知→尺度→決定」をベースにした評価だったわけで、それでは「新しいコンセプトに基づく認知→尺度→決定」が人々の中でどう起こるか、わかるはずがありませんよね。

　もう1つの「続く」の効果として、属人性の超越があります。カリスマ経営者が退任したあと、途端に迷走期を迎える企業は少なくありません。企画単位、プロジェクト単位でも、発起人や立ち上げメンバーが世代交代した途端にうまくいかなくなるケースは皆さんも体験したことがあるのではないでしょうか？　それは言い換えると、「社長そのものが尺度」になってしまっているケースで、これが機能するうちは、確かに明文化されたコンセプトなどなくてもいいかもしれません。

　ただ、そのような特定の人の嗅覚や価値観に完全に寄りかかってしまった企ては当然のことながら、その人がいなくなってしまうと成り立たなくなります。「その人がそうしたいと言ったから」ではなく、「コンセプトに沿うから」で意思決定ができる状態を作ることは、そのまま世代交代や事業承継への耐久性につながります。かつて大名が子孫繁栄のために「家訓」を代々守り続けたというのもある意味、「わが一族のコンセプトを明文化することで、ある1世代の感性ありき繁栄で終わらせないようにする」という意味では、近い考え方かもしれません。

何事も長く続けると必ず「順境」と「逆境」があざなえる縄のごとく繰り返されます。そのときに、短期的な数字ばかり見て方針や活動をその場その場でコロコロ変える企画は、おそらく長続きしないでしょう。

　「変なものを作って、売れてしまったら困ります」という、エルメスの創業者一族の６代目であるアクセル・デュマさんの言葉はまさに、「右往左往、一喜一憂せずに、腰を据えて追求すべきこの企ての本質は何なのか？」こそが、売上よりもはるかに大事であることを示していると思います。日本には100年企業は２万1000社、1000年企業も８社と、世界でもトップクラスの「続く」風土を持っているはずなのに、最近どうも、そのときどきの流行りにファストに飛びついて軸がぶれている企業が多いようにも感じます。「ガラパゴス」と揶揄されることもありますが、そのマイペースさをプラスにとって、自分たちの軸となるコンセプトに自信を持って、「続く」を追求していくことに活路があるように思うのです。個人にも法人にも、コンセプトは当事者の心が折れないことに効く、「続けるための意欲の源泉」ともいえるかもしれません。

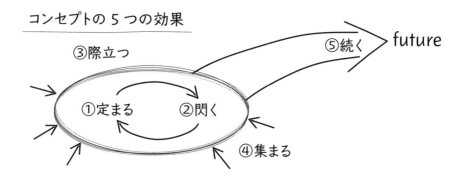

コンセプトの５つの効果

③際立つ　⑤続く　future
①定まる　②閃く
④集まる

コンセプトの最大の恩恵とは?

⌐ コンセプトは「縛り」ではない

コンセプトがあれば、定まるし、閃くし、際立った結果、集まるし、続く。この5つの効果を見渡すと、何となく、**「ブレない指針のようなものを得ることで、惑わずふらつかず突き進むことができるようになる」**、そんな感じがしてきます。

ということは、ナポリタンを出してしまった蕎麦屋は、「蕎麦屋というコンセプトをぶらさずに、ナポリタンなんか出さなければよかったのである」という結論になるかというと……。

何だか、変ですよね。この理屈だけでいくと、コンセプトは要するに「おかしなことや変なこと、柄にもないことはせずに、現状にのっとって個人も法人も生きていくべし」という感じになってしまいます。あれっ、「『ここではないどこかへ』行くためにコンセプトは効く!」という話だったはずなのに、これでは「ここにいろ。それがコンセプトを守るということだ」という結論になってしまう……あの蕎麦屋がナポリタンを出したのは、「何かを変えていかなくては!」という、まさに「ここではないどこかへ」という問題意識からだったとすると、その結論は答えになっていません。

蕎麦屋なんだから、蕎麦以外は出しちゃダメ。
なのに、ナポリタンなんか出すからうまくいかなくなったんだ。

この考え方ではそのときの現状を何も変えられない、あとづけ評論の典型になってしまいます。そしてコンセプトという概念がしばしば、「可能性を縛るもの」「決めることで自由を失うもの」という批判論にさらされるのも、このような"柄にもないことを新しくやるという可能性を消してしまう"と

いう印象が一部あるからではないでしょうか?

　でも、これは**典型的なコンセプトに対しての誤解**だと僕は思います。

⚑ 「地図よりコンパス」の本質

「地図よりコンパス」という言葉をよく目にするようになりました。不確実性が高い時代においては、隅々まで道や地形が把握できる地図を求めるのではなく、大まかに北がわかるコンパスのほうが機能するのである。そんな意味で使われることがほとんどです。ただ、ちょっと立ち止まって考えてみると、これって「本当は地図があるに越したことはないのに、地図が作れないから、やむをえずコンパスで我慢する」というニュアンスで使われていることも少なくないように感じます。これでは、「やっぱり地図のほうがいい」ことを認めてしまっていることになりませんか?

「仕方なくコンパス」ではなく、「コンパスのほうがこの点において優れている」なら、どういうことになるでしょうか?　**最大の効果は「コンパスのほうが、周りを見ながら歩ける」**ことである気がしてならないのです。

　ナビに頼って目的地に効率良くたどり着いたが、その道の途中に何があったのか、ほぼ風景を見ていなかったという経験はありませんか?　正確な地図が手元にあればあるほど、人はそれにかじりついて、間違えないように、効率的に、目的地まで進もうとしてしまいがちです。実は、途中で見かけた路地の奥に気になるお店があったことも、自分の好きな雰囲気の川沿いの遊歩道に寄り道しながら行くことができたことも、年に一度あるかないかという美しい夕暮が空に広がっていたことも、ともすれは見落としていたかもしれない。そしてその中に、目的地に最短距離でたどり着く以上に、自分の人生を好転させるきっかけがあったかもしれない。そういうことに、**地図が正確で有用であればあるほど、気づけないかもしれない。**

　コンパスは地図に比べて、いうならば「どのような現実がそこにあるか?」という情報が少ししか得られません。そのぶん人は自分の目で現実を見ながら、そこからさまざまなことを認知し、尺度を使って受け止めて、自分で意

思決定をしなくてはなりません。結果として目的地に最短距離でたどり着く精度は地図に劣るかもしれませんし、いろいろ見渡しながら考えながら歩き進むことになるので、疲れるかもしれません。ただ、きっと、「予期せぬ発見」はこちらのほうが多いんじゃないでしょうか。

　現実のみを正確に捉えて、自らの「認知・尺度・決定」を使わずに目的を叶える地図と、現実を粗く捉えることで自らの「認知・尺度・決定」を使う余地を持たせることで、目的の外側にある新しい可能性に気づきやすくなるコンパス。

「ここではないどこか」を望むものの、なかなか叶わない私たちの、隠れた最大の問題は、実は**「ここではないどこかが、どこなのかを、上手に探せていない」**ことなのではないでしょうか？　「失敗したくない」「最短距離で答えが知りたい」「寄り道はいらない」——そういった「地図思考」が生み出したのが、「間違えのない、しかしどうもしっくりきていないこの毎日」なのではないでしょうか？

　それはまるで、「分刻みで予定を組んだ旅行の途中でたまたま道で見つけた面白そうな出来事を、"予定が狂うから"という理由でスルーしてしまう」ような、自分の直感や好奇心、それをきっかけにした「予想外の可能性」を丸ごと殺してしまう行為のように思えてなりません。

　これは個人だけに限った話ではなく、法人でも日々起こっているジレンマで、「見たことのないアイデアを求めているくせに、いざ提案されると事例を出せと言われた」——みたいな言動がまさにそれを表しているのではないでしょうか？　個人も法人も、「新たな可能性を望むくせに、自分で不確かな中に飛び込んで探すという行為をしていない／させてくれない」のではないでしょうか？　そしてそれは、**勇気や努力や才能の問題ではなく、「コンパスを持てていない」ことによるのではないでしょうか？**

🔳 最大の効果　「遊べる」

　かといって、「まったくの不確実性に目を瞑って飛び込め！」という考えも、「すぎる時代」の今にはそぐわないことは、多くの人がすでに感じてい

るはずです。「置かれたところで咲きなさい」という言葉に象徴されるような、受け身偏重なスタンスは、必ずしもこの不確実すぎる時代の人々の心に寄り添うものではなくなっているように感じます。

「何でもかんでもとにかく一度やってみよう！」と思えるほど、選択肢は絞れていないし、時間は足りないし、社会は好況ではないとしたときに、地図にしがみつきすぎるのではなく、かといってまったくのノープランで旅をするのでもない。この2つの間に第三の解を見出すのがコンパスなのです。

　コンパスがもたらす効果は、「迷わなくなること」以上に、最悪どうにかなるという安心感がもたらされることによる **「迷うことを楽しめるようになること」** だと、僕は思います。予想外の可能性を探すことが大事だからといって、コンパスすら持たずに街に繰り出すことは、「すぎる時代」を生きる私たちにとって選択肢過多・リソース不足を招き、本当の迷子になってしまうか、それが怖くて街に出ることすらできなくなってしまう。完全に手ぶらでもなく、ガチガチにナビを使うわけでもない。「ここではないどこか」をぼんやりと望む私たちに足りないのは、迷わないことではなく、「楽しく迷うこと」なのではないでしょうか？

　コンパス、もといコンセプトがもたらす効果とは、次のことです。

「ブレなくなる」　からこそ　「安心してブレを楽しめるようになる」
「ふらつかなくなる」　からこそ　「楽しくふらふらできる」
「羅針盤がある」　からこそ　「散策ができる」
「変わらないものがわかっている」　からこそ　「変えられる可能性がわかる」
「視界が定まっている」からこそ、適切に「よそ見ができる」

　このような、一見逆説的にも見える「右側」の効果こそ、コンセプトがもたらす最大の効果なのかもしれません。それはまるでやじろべえの軸足のようなもので、軸足があるから「倒れない」し、だからこそ「左右に思い切り振れることが可能になる」わけです。バスケットボールのピボットにおける「ピボットフット」と「フリーフット」の関係も感覚としては近いかもしれません。
　また、昨今ビジネスシーンにおいて注目を集めているレジリエンス（回復性、しなやかさ）にも近いニュアンスを感じます。「硬くて安定はしているが、まったく動かせず脆い」わけでもなく、「ぐにゃぐにゃで安定すらしない」わけでもない。芯をしなやかに緩やかに持ち、ハンドルの遊びのような部分を持つことで、予想外の事態への対応や、予期せぬ可能性の発見を可能にする。この最大の効果こそ、最初の５つの効果の反対側に浮かび上がる６つ目の効果「遊べる」だと、僕は定義しています。

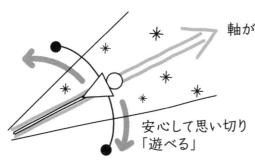

軸があるから

安心して思い切り「遊べる」

遊んだ振れ幅にまだ見ぬ可能性が見つかる＝「ここではないどこか」

　映画史を代表する映画監督の１人、フェデリコ・フェリーニは「もし最初から、自分を待っているものが何であるか一部始終わかっているなら、決して出発はしないだろう」という名言を残しています。「ここではないどこかへ」という時代の空気が求めるコンセプトの最大にして、隠された**6つ目の効果「遊べる」**こそ、コンセプトが必要とされる最たる理由だと僕は確信しています。

🔲 虎屋に見る「普遍」と「可変」

　室町時代後期に創業された和菓子の老舗「虎屋」のコンセプトは、経営理念として掲げている「おいしい和菓子を喜んで召し上がっていただく」にこめられています。この背景にある思いを、17代当主の黒川光博さんは「最上級のいいもの・美味しいものを作る」という普遍の理念を根底に据えつつ、一方で「いいもの・美味しいものというのは時代や場所によって、変わり続ける」という可変の要素として捉えていると語っています。

　「行く先は変わらず、しかしあり方は変わり続ける」という、企業の未来の捉え方。この「普遍と可変」の見極めと追求が可能になるのも、真ん中にコンセプトがあるから。企業のどの行ないが「普遍に向かうこと」で、どの行ないが「可変を試行錯誤することなのか」。コンセプトがストライクゾーンを規定すると説明しましたが、ここでも同じように「ど真ん中ストレート」と「コーナーギリギリの変化球」を、わかってコントロールできることが、長く続くことの根源に秘められているように思います。

　事実、虎屋は王道の羊羹の価値の追求を日々積み重ねている一方、ピエールエルメやミナ ペルホネンとのコラボレーションや、新業態の出店など、新たなおいしさの拡張も行なっています。この両にらみのバランスこそ、企画が続くうえでとても重要な感覚なのではないでしょうか。そのバランスのやじろべえの軸にあるのが、コンセプトです。コンセプトがあるから、ベーシックに立ち戻れるし、ベーシックに立ち戻れるから、ときにチャレンジができる。その両方ができる存在が「続く」のです。定石がわからない人には奇手は打てないともいえるかもしれません。

　僕の周りの「企てのうまい人」を見渡しても、共通しているのがこの「"指針"と"遊び"」のバランスのうまさだと感じます。
　NHKで番組ディレクター／チーフ・プロデューサーとして「NHKスペシャル」「天才てれびくん」「おやすみ日本　眠いいね！」など数多くの番組を手掛けてきた神原一光さんは、コンセプトについて「決めないと動けないが、それに縛られるものではない」と表現しています。迷ったら帰ってくる起点がコンセプトである一方で、それは言い換えると「あえて決めるからこそ、

迷いながらも、可能性を広く模索できるようになる」＝コンセプトに縛られるどころかむしろ、コンセプトがあることによって、逆に発想が自由になるものであると言っています。

　テレビの番組作りは、毎週のレギュラー放送になると年間50本近く番組を制作しなければなりません。いわば、マラソンのような営みです。「コンセプトがブレブレでは困る」が「コンセプトの試行錯誤と、その積み重ねは必要である」という神原さん。単発ではなく"続く"企画であったり"続く"番組を数多く制作し、話題を作ってきた神原さんならではの言語化です。

　コワーキングスペースの運営やプロデュースをはじめ、まさに「ここではないどこか」を新たに定義するプロジェクトを数多く手掛けるRoute Design合同会社代表の津田賀央さんも、「クリエイターとは、試行錯誤を通じて新しいモノやコトを生み出そうとしている人」と言います。

　津田さんが手がけていらっしゃる最新のプロジェクトである、横浜の天王町エリアのクリエイター向け協働制作スタジオ「PILE」を開業するにあたり、「企画や、創造の本質とは何なのか？」を深く思考する中でたどり着いた定義がそれだったと言います。企てに「答えがある」と思ってしまうと試行錯誤の回数は「少ないほど効率がいい」という論理になるのですが、「答えなどなく、ここではないどこかを自ら定義するしかない」という発想で企てをすると、試行錯誤の回数をいかに増やすかこそが勝負になることがわかるはずです。その回数を決めるのがコンセプトが生み出す「指針」と「遊び」であり、優れたクリエイターは、優れたコンセプターでもあるといえるのではないでしょうか。

　スノーピークをはじめ多くの法人の未来を経営者と共創してきた株式会社2100のクリエイティブディレクターの国見昭仁さんも、「不真面目に考える」ことの重要性を話しています。決まった道筋の存在を信じて、そこから外れないように１つ１つ物事を積み上げて考えることを「真面目」というのであれば、その対極としての「順不同に」「思いついたことでいいから」「冗談や荒唐無稽な妄想を交えながら」考えることが、"不真面目"ということかもしれません。ただ、国見さんと仕事をご一緒して感じることは、それができるのは思考の起点に本質的な「命題」をセットできているから。最終的にはこの問いに答えを出す、という指針が定まっていることが、不真面目に、あ

っちこっちに錯綜しながら思考するという態度を可能にしているように感じます。

蕎麦屋はどうすればよかったのか？

　コンセプトがあることで、「定まる」「閃く」「際立つ」「集まる」「続く」ことができる。それがゆえに「遊べる」ようになり、「ここではないどこか」とはどこなのか、まだ見ぬ可能性を存分に探索できるようになる。
　では、コンセプトにのっとって考えた場合、あの「蕎麦屋のナポリタン」は、どうすることができたのでしょうか？　もし然るべきコンセプトを掲げられていたら、このような展開もあったかもしれません。

蕎麦屋のコンセプト：
「出汁にこだわった街のランチスポット」

「定まる」＝追求すべきは「出汁のおいしさ」である
「閃く」＝ナポリタンではなく、出汁にこだわった和風パスタならアリかも
「際立つ」＝蕎麦屋ではなく、「出汁がうまい店」として、新しい際立ちに成功
「集まる」＝蕎麦好きだけでなく、和風パスタ好き、出汁好きなどにも注目させ
　　　　　　る存在に
「続く」＝結果、お店も繁盛し、ますます発展

　　　　　　　＋

「遊べる」＝出汁という軸足があるおかげで、「蕎麦屋」というこれまでの認知・尺度・決定では採択できなかった、まったく新しいメニュー展開を、自分たちの「らしさ」を崩壊させることなく模索することが可能になる。

……とまあ、すべては「たられば」の話なので、このようにいくかどうかはわかりませんが、少なくとも、

「蕎麦屋ですけど、唐突にナポリタン始めました」

と言われるより、

「蕎麦作りで培った出汁と蕎麦の風味を、和風パスタにも応用してみました」

と言われるほうが、期待できます。実際、出汁のおかげで独特の味わいがあるという理由で、蕎麦屋のカレーにはそれ固有のファンがついているという事実もあります。「ナポリタンは好きな人が多いし、お客さんを増やしたいから、始めるか」というコンセプトレスの判断や、「うちは“麺が美味しい地元のランチスポット”」のような、納得感に乏しいずれたコンセプト設定ではなく、魅力的な軸が一貫されていることが、コンセプトによって実現できるかがいかに重要かがわかっていただけたかと思います。

　もちろん、「実はナポリタンにも、蕎麦湯を混ぜて茹でていたという事実があった」のかもしれませんが、やはり人は認知の生き物。「伝えなければ機能しない」わけです。企画運営側も、それを受け取る顧客側も、「これはどんな価値を帯びた何なのか？」を端的に共通の認識にすること。その強力さをおわかりいただけたでしょうか。

　肝心の「蕎麦屋ではなく、出汁屋である」というコンセプトそのものをどうやって導き出すのかは、次の章で見ていきましょう。

🔖 コンセプト不要論と、それに対しての回答

　コンセプトがもたらす「5＋1」の効果についてここまで触れてきました。「指針」としての効果はもちろんのことながら、あまり認識されてこなかった「遊び」の効果にこそ、真骨頂があることはおわかりいただけたのではないでしょうか？　一方で、僕も実務の場面でこれまで何度か「コンセプト不要論」に遭遇したことがあります。より理解を深めるために、建設的にその不要論を考えてみます。

〈不要論その1〉「リーダーにしか関係ないことですよね？」

回答：

・コンセプト発掘には新たな認知への気づきが必要で、単一の視点から考えるよりも「集合知」を活用したほうがより良い発掘になる可能性が高いです。確かに主責任はリーダーが持つかもしれませんが、見つけるプロセスには、"あなた"のものの捉え方や価値観も必要です。

・仮に「コンセプト発掘プロセス」はリーダーが終わらせてくれたとしても、そのコンセプトを受け取って企画の1つ1つの具体を形にしていくのはチーム全体の仕事です。そのときに「コンセプト・センス」が受け取る側にもないとそれにのっとった実装はできないはずです。コンセプトとは「作る」「伝える」側だけに関係する概念ではなく、「受け取る」「形作る」側にも関係するからこそ、ものの考え方としてかかわるすべての人にとって必要なのです。

〈不要論その2〉「そのうち、AIが出してくれるようになりますよね？」

回答：

・第1章でも触れた通り、生成系AIが出してくれるのは、問いかけに対する「これまでの人間が出してきた回答の中央値的な答え」であり、言い換えれば現状の延長線上で最も人間が考えそうなことを出してくれるのみです。つまり「ここではないどこか」は示してくれません。もし示してきたとしたらそれは問いかけであるプロンプトそのものがユニークである可能性が高いですが、ユニークなプロンプトはやはり人間が創造しないといけません。

・また、いいコンセプトには「当事者の意志と責任」が入っているべきです。AIには基本、その両方とも現時点ではないとされています。

・ただし、「コンセプトを創造する手段としては有効活用可能」で、それについては後述します。

〈不要論その3〉「いきなりアイデアを出せばいらないのでは？」

回答：

・「ここではないどこかへ」行くためのアイデアは、認知そのものから揺さぶって考える必要があります。つまりアイデアは、「これまでの認知と根本的に何が異なる発想なのか？」というコンセプトとセットで他者に見せ

ないと、その斬新なアイデアの"良さが伝わらない"ということが起こりがちです。いいアイデアかどうか判断するうえでの「良い」の定義から新しいところを狙うアイデアであればあるほど、コンセプトとセットで提示したほうが、理解される可能性が上がります。

・手順として「まずアイデア出しから始め、あとからコンセプトに昇華する」のはありです。具体的な発想手順に関しては後述します。

第2章のまとめ

コンセプトの要素と種類

3要素

by	for	what

誰による？（＝われわれ）　誰に向けた？（＝相手）　何の？（＝対象）

×

3種類　　ヒト　　モノゴト　　思想

↓

コンセプトの5つの効果

③際立つ

⑤続く　future

①定まる　　②閃く

④集まる

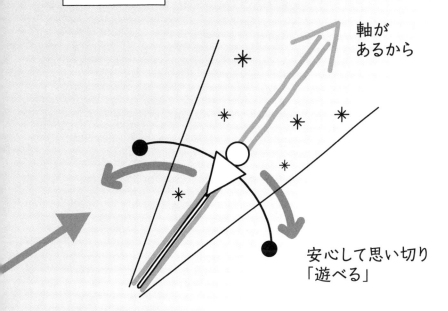

指針と遊び

軸が
あるから

安心して思い切り
「遊べる」

遊んだ振れ幅に
まだ見ぬ可能性が見つかる＝「ここではないどこか」

「ブレなくなる」からこそ「安心してブレを楽しめるようになる」
「ふらつかなくなる」からこそ「楽しくふらふらできる」
「羅針盤がある」からこそ「散策ができる」
「変わらないものがわかっている」からこそ「変えられる可能性がわかる」
「視界が定まっている」からこそ、適切に「よそ見ができる」

■ 「誰による？」「誰に向けた？」「何の？」コンセプトであるという、3要素でコンセプトはできている。

■ 良いコンセプトが企てにもたらす効果は5つ。
「定まる」　悪しき意思決定を乗り越えて、独自の決め方の軸が定まる。
「閃く」　既存の思考の延長線上では思いつかないアイデアを創造しやすくなる。
「際立つ」　かかわるすべての人にとって「それじゃなきゃダメ」な理由を生み出し、"何か好き"の源泉になる。
「集まる」　人、モノ、金などの資源や、顧客が集まる。
「続く」　発起人の属人性を超越し、時代の変遷に負けない、長く続く人格への信頼を生み出す。

■ 「地図よりコンパス」といわれる背景には、「迷うことを楽しむことができていない」現代の苦しさがある。コンセプトがあれば、企てにおける「指針」だけでなく「遊び」も実現できるようになる。6つ目の効果「遊び」こそ、コンセプトが今、必要な最大の理由。

第**3**章

コンセプトは実際、どうやってできているのか？

コンセプトの
メカニズム

On ne voit bien qu'avec le cœur.

L'essentiel est invisible pour les yeux.

ものごとはね、心で見なくてはよく見えない。

いちばんたいせつなことは、目に見えない。

— サン・テグジュペリ『星の王子様』より —

コンセプト思考は何をもたらしてくれるのか？

その最大の効果は、

「指針」によってもたらされる「遊び」であり、

それが、自分たちの企てや毎日の暮らしに

まだ見ぬ新たなあり方を見つける可能性になる。

第3章ではさらに深く、

ここまで見てきた「良いコンセプト」を

もう少し分解して見てみることで、

中身がどうなって成り立っているのか？

どこに秘訣や技が隠されているのか？

実際に自分たちで作ってみる前に

この章ではコンセプトのメカニズムに

迫ってみます。

基本にして万能！
「コンセプト構文」

◗ コンセプトが1行になる前

　ここまで「なぜ今の時代に改めて、コンセプトが大事なのか？」「コンセプトによってどんな良い効果がもたらされるのか？」をご紹介しました。何となくわかってきたけれど、見るのとやるのは大違い……ということで、いよいよ「どうやってコンセプト・センスを実際に獲得するのか？」に、話を進めます。その下準備として、まずは「コンセプトって、どういう構造でできているのか？」をもう少し分解してみます。

　実際、コンセプトを見出す際の感覚を僕なりに言語化すると、「大量の、多岐にわたる情報や可能性を検討し、メチャクチャあーでもないこーでもないと考えた末に、何かが閾値を超えたときにポッと、1行に凝縮されたものが思い浮かぶ」という感じなのですが、もう少し構造化してみます。
　もちろん、「これを埋めれば勝手に出てくるよ」というものでもありません。なぜなら、そもそもコンセプトは正解を出す思考法ではなく、「ここではないどこかとはどこなのか」の仮説を出す思考法だから。でも、どう試行錯誤すればいいのか？　そんな試行錯誤の起点になる構文を紹介します。

　これまで紹介してきたいいコンセプトはどれもいわば「氷山の一角」で、海面に出ている最終的な一言ばかりでした。構造をつかむために、「1行になる前の“海の下”がどうなっているのか？」の例をいくつかお見せします。

たとえば、AKB48。
「会いに行けるアイドル」とはどういうことか、開いてみます。

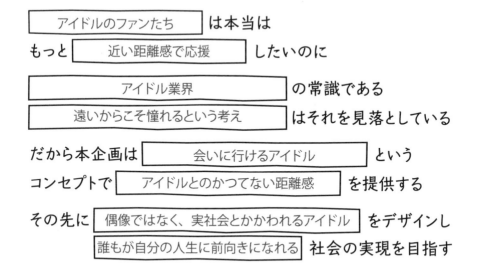

1行のコンセプトの背景には、「これまでのアイドルが満たせなかった欲求」や「その欲求を見すごしてきた業界常識」があり、さらに未来に思いを馳せるとそこには「憧れの遠い偶像で終わらない、地域と密着した等身大のアイドルの実現によって、誰もが前向きになれる社会」を目指しています。
コンセプト以外の要素は、公式見解で定義されているわけではないので僕の解釈によるものですが、このコンセプトによって、これまでの既存の物差しがどう転倒され、それによって誰のどんな欲求が満たされて、それによってどのような理想の社会に少し近づこうとしたのか。それぞれの関係性がわかってきたのではないでしょうか?

同じように、『ポケモンGO』もこの構文で考えてみます。

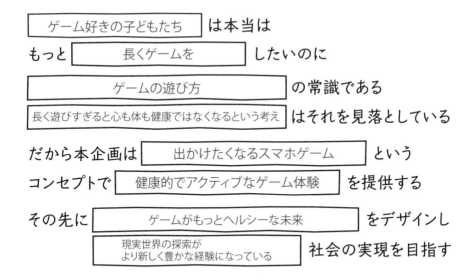

ゲーム好きの子どもたち は本当は

もっと 長くゲームを したいのに

ゲームの遊び方 の常識である

長く遊びすぎると心も体も健康ではなくなるという考え はそれを見落としている

だから本企画は 出かけたくなるスマホゲーム という

コンセプトで 健康的でアクティブなゲーム体験 を提供する

その先に ゲームがもっとヘルシーな未来 をデザインし

現実世界の探索が
より新しく豊かな経験になっている 社会の実現を目指す

『ポケモンGO』の生みの親であるNiantic社のジョン・ハンケ氏は、前身となる拡張現実技術を使ったスマホゲームの『Ingress』の開発時から、「ゲームを現実世界の探索の豊かさにつなげる」という思いを一貫して持っていました。見方を変えると、それまでのゲームに対する世の中の認知の前提は「ゲームとは、現実生活の豊かさと相反するものである」というものでした。目が悪くなる。部屋に引きこもりがちにある。運動不足を招くなどなど、「やりすぎると生活がおろそかになる」イメージが先行していました。

『ポケモンGO』の根本思想である「現実世界の探索」には、ゲームと現実を相反する存在としてきたこれまでの思い込みを乗り越え、「ゲームによって現実が新たな豊かさを帯びる」という理想を設定し、それに基づいて「出かけたくなるスマホゲーム」の開発を実現したように思います。その結果はご存じの通り、ストレス軽減、高齢者の孤独解消、ロコモティブシンドローム（運動器症候群）への効果など、人々の現実世界にもプラスの影響を数多くもたらしました。そして『ポケモンGO』を構成する具体的な1つ1つの決定にもコンセプトは投影され、たとえば「スマホゲームの課金も、もっとヘルシーにしたい」という思いにのっとって、遊ぶうえで過度な課金を必要

としない設計になっています。

🔖 コンセプト構文の「構造」

この構文の各空欄に入っている言葉が何なのかを表すと次のような構造に
なっています。

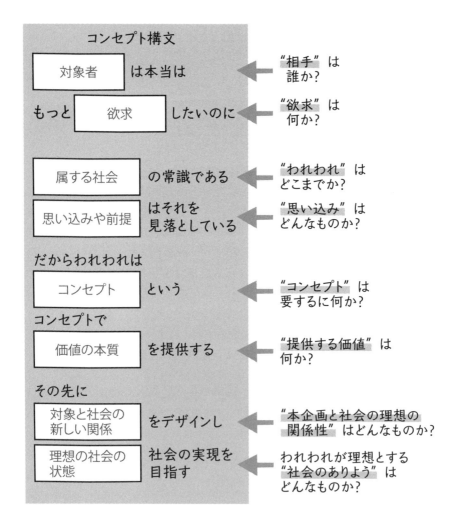

3元素　「B」「I」「V」

⌐ 提案の方向性＝コンセプトを決めるもの

　コンセプト構文は全部で8行で構成されていますが、2行ずつで1単位、計4つの構造で成り立っています。上から大きく

「インサイト（Insight）」
「バイアス（Bias）」
「コンセプト（Concept）」
「ビジョン（Vision）」

の4つ。3つ目の「コンセプト」は一言になったものをこれまでたくさん見てきましたが、そのベースには、次の3つが土台のように組み込まれているわけです。

　　インサイト（I）：「誰かの"本当はもっとこうしたいのに"という欲求」
　　バイアス（B）：「それを見すごす原因となる、業界／マーケット／界隈／プレイ
　　　　　　　　　ヤーたちの思い込み」
　　ビジョン（V）：「われわれ、企画の当事者が"この社会にはもっとこうあってほ
　　　　　　　　　しい"と願う理想のイメージ」

　この3つをクリアし、企画における「提案の方向性」を端的に定義したものが「C＝コンセプト」という関係性で、構文は成り立っています。

　　既存の「当たり前」が見落としてきた、（B：バイアス）
　　人々がまだ自覚できていない、満たされていない欲求を満たし（I：インサイト）

結果として理想の社会に今より近づくための（V：ビジョン）
提案の方向性（C：コンセプト）

これが、「コンセプト」ということになります。

第1章で触れた「認知スタートの現実変革」とも話はつながっていて、

「バイアス（B）=社会や業界のこれまでの認知」
「インサイト（I）=企ての相手が、自分自身も認知できていない欲求」
「ビジョン（V）=企ての当事者の未来や理想に対する認知」

と、3つともやはり「人間の認知」の話になっています。

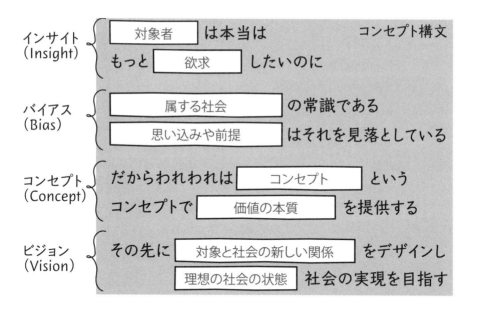

🄏 元素その1「B=バイアス」

「コンセプト（C）」以外の「元素」がそれぞれ何なのか？　1つずつ内容や

位置づけについて見ていきましょう。まず最初に３〜４行目のブロックの「バイアス（B)」から説明します。

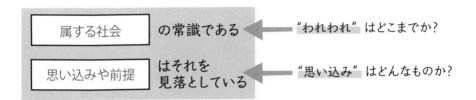

コンセプトを考える企ての主体である「われわれ（by)」が属する、**社会や業界の持つ思い込みや前提の考え方のことを「バイアス（B)」とします。**日本語に訳すなら「固定観念」「偏見」「先入観」「思い込み」あたりが近い単語でしょうか。バイアスは「誰の」「何に対しての」バイアスなのかという２つの要素で成り立っています。

> アイドル業界の、アイドルという存在に対しての、バイアス
> 世の中一般的な、ゲームに対しての、バイアス
> A社の経営層における、女性の働き方に対しての、バイアス
> 自分の、自分自身のライフスタイルに対しての、バイアス

「誰の」については、基本的に「われわれ」、つまり３要素の「by」にあたる、起案者である自分、もしくは自分たちコンセプトを考えるサイドの思い込みということです。私たちが「ここではないどこか」がどこなのかが、わからない理由がまさに「バイアス」によってそれが隠されてしまっているからなのです。

バイアスに覆われている「われわれを含む単位」については、いくつかレイヤーが異なるものを半径を広げながら複数考える可能性もあります。
たとえば、アイドルの企画なら「アイドル業界」、ゲームの企画なら「ゲーム業界」のように、「企画の意思決定をする人々」が属する社会集団が基本ではありますが、『ポケモンGO』の例の「業界だけでなく、子どもを持つ親も、社会全体も、ゲーム＝健康的ではないと思っている」のように、より大きい社会集団を巻き込んだ共通のバイアスであることもあります。

この構文におけるバイアスとは基本的には「企ての中身にまつわる意思決定にどのような思い込みが発生し得るか？」が論点になります。なので“お客様の商品への思い込み”みたいなものは、結果的に「社会全般」のように包含される可能性もありますが、探る優先順位は低いです。これは実は企てが属する「社会とは何か？」という、対象半径の定義とも重なってくる部分なのですが、詳しくは後述します。

　バイアスを見つけるのは簡単ではありません。**思い込みは、「思い込んでいるという自覚がないから」** 思い込みなのであって、当事者が自力でそれに気づくにはコツがいるのですが、ここは第4章で考えます。

🔲 元素その2「I＝インサイト」

　次は、構文の1〜2行目に当たる「インサイト（I）」。マーケティングや広告の世界では **「本人も気づいていない欲求」** というのが一般的な意味です。この本では、もう少し平たく **「その人がそうする本当のワケ」** と定義します。

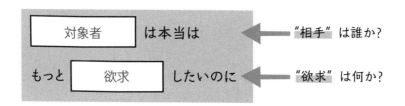

「誰のインサイトなのか？」ですが、企画を送り届けたい「相手」を主語にします。コンセプトの3要素の2つ目である「誰に向けた？（for）」に入る人ですね。ビジネスであれば顧客ですし、たとえば「わが家の夏休みのすごし方のコンセプト」の場合は、家族全員となります。

　そして、インサイトにはもう1つ、最低限含まれていないと成り立たない構成要素として、「何に対しての」という、その欲求の対象があります。

「子どもが"ピーマン"を食べたくない本当のワケ」
「フェスで若者が"炭酸"を飲みたくなる本当のワケ」
「ここ数年の日本人が"消費"に前向きじゃない本当のワケ」
「若者が"選挙"にあまり行きたくない本当のワケ」

　分解すると、「誰が」「何に対して」「どうしてそう向き合うのかという本当のワケ」、これがインサイトです。構造はバイアスとそっくりです。それもそのはずで、インサイトもバイアスもどちらも、「人の認知」の話をしているから。企ての「われわれ」サイドだけでなく「相手」サイドにも「その人って、それのこと、どう思っているの？　その結果、どうしているの？」という洞察を行なう感覚がわかりやすいかもしれません。

　この構文において、ここから導出されるべきは「欲」で、「本当のワケ」のアンサーとしては「○○したいから」のような、願望や期待がわかりやすい構文で考えるとコンセプトにつながりやすくなります。なので、たとえば何かが「嫌だ」「やりたくない」「不安を感じている」というような、マイナスの欲求については、できるだけ「では、本当にしたいことは何なのか？」を考えるなど、あくまでも「何かの行動につながるイメージがわかりやすい欲求」に置き換えるほうがよいです。構文の空欄と大まかに対応させると、「誰が」が1つ目のボックス、「何に対して本当はどう思っている？」が2つ目のボックスに入ります。

　ここでポイントとなるのは、「本当の」というところ。すでに世の中一般に周知されていたり、「当たり前じゃん」と思われてしまう欲求は「インサイト」とは呼べません。

深度レベル1：
　本人は気づいているが、社会や業界が気づいていない
（「こんなものが欲しいのに何で作ってくれないんだろう？」という状態）」

深度レベル2：
　本人はうすうす感じているがうまく言語化できていない
（「何だかモヤモヤしている」といった状態）

深度レベル3:

　本人も気づいていない

（自分のインサイトを突く企画を目の前にしてはじめて、「こういうものが欲しかった！」となる状態）

　深度レベル1は正確にはインサイトではなく、「ニーズを見つけられていない状態」です。"本人も無自覚である"という定義にのっとればインサイトと呼べるのは深度レベル2以上。ここは「ここではないどこか」がどこだか自分でもわかっていないという話にも通じますね。深度レベル3のインサイトが発見できると、それだけで良いコンセプトができる確率がグッと上がりますが、バイアスと同じく簡単ではありません。

　いずれにしても、深層度合いによってこのように違いはあれど、共通しているのは「まだ満たされていない欲求であること」。それを見つけられていることが、良いコンセプトの条件といえます。

⛭ 元素その3「V＝ビジョン」

　コンセプト構文におけるビジョンは、**企てが見通す理想の社会の状態**です。この企てがどんな「価値」をどのような場面にもたらし、その結果どんな社会を実現したいのか？　企ての受け手も送り手もともに属するこの世界が、before→afterで捉えたときにどう変わることを志すのか？　そのときに見える光景を定義したものがここに入ります。まさに「自分と社会が"ここではない未来"に行けたとき、それはどういう状態なのか？」が、ビジョンといってもいいでしょう。

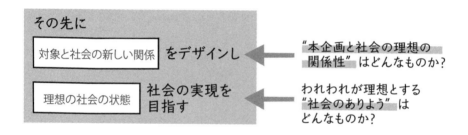

その先に

対象と社会の新しい関係 をデザインし　　"本企画と社会の理想の関係性"はどんなものか？

理想の社会の状態　社会の実現を目指す　　われわれが理想とする"社会のありよう"はどんなものか？

ビジョンの主語は起案者サイドでも、受け手サイドでもなく、両者をともに含む「社会」です。ただこの社会というのが曲者で、半径はさまざまですが、「われわれ」と「相手」が共有している枠組みのことを指します。

　構文の２つの空欄はそれぞれ「本企画と社会の理想の関係性」と「理想の社会のありよう」としていますが、違いがわかりづらいですね。より上位の概念になる２つ目の空欄から定義を説明すると、ここには今回の企画の対象との関係性「など一切関係なく」、「社会単体で考えたときに理想といえる状態は何か？」が入ります。
　ここまでの例におけるアイドル、ゲームなどの企画の対象物を、「あくまでも手段でしかない」と突き放して考えて、「そんなのは何であろうと関係なく、われわれは社会がどうなることを理想と考えているのか？」を入れる空欄です。それを受ける形で、１つ目の空欄には、「そんな理想の社会において、われわれが今回の企画の対象として扱うものがどうなっていることが理想なのか？」。「今回の企画で対象としているWhatが、理想の社会においてどのような存在になっていることを目指すのか？」が入ります。

アイドルが、この社会においてどうなっている未来が理想なのか？
ゲームが、この社会においてどうなっている未来が理想なのか？
女性の存在が、この社会においてどうなっている未来が理想なのか？

　このように社会と対象の関係性を、理想の状態に定義したものが入ります。

　どうしてこの２つを分けて考えたほうがいいのか？
　それは、１つ目のボックスだけで考えると、自分都合のビジョンだけでも書けてしまうからです。たとえば「アイドルがもっと多くの人に愛される社会を目指す」と１つ目のボックスで書いて、それだけをビジョンとしたとします。作り手側にとってはやりがいのあるビジョンかもしれませんが、世の中の多くの、これまであまりアイドルに親しんでいない人からすると、ともすればそれは「関係ない未来」とも思われる恐れがありますよね。アイドルが愛されることは企画の当事者である自分やアイドル業界にとっては意味があることですが、受け手からすると大事なのはアイドル業界の繁栄ではなく、「自分の人生にどんないいことがあるのか？」です。要するに、結果的には

同じ「未来の社会」のことを語っているかもしれませんが、光の照らし方・スポットライトの置き場所が違うのです。言い換えると、「文章の主語が違う」ということです。

　マーケティング理論の中で最も有名なもの1つである「顧客は、ドリルを欲しがっているのではなく、穴を欲しがっているのだ」という、レビットの「ドリルの穴理論」がありますが、構造的には近いと思います。ドリルがお客様にとってどんな存在になっているのが理想かという、「提供する商品やサービスを通じて考えた、社会の理想」を1つ目に。
「ドリルなんて関係なく、そもそもこの企ての相手はどうなりたいのか？」という、「企てなど関係なく存在する、社会側を主語にしたときの理想」として2つ目のボックスに書く感覚ですね。実際考えるときの順番は逆のほうがいい場合が多く、

「そもそも僕らが相手にする"社会"は、どうなっていたらそこにかかわるすべての人にとって良い未来なのか？」：2つ目のボックス
　　　↓
「その良い未来において、今回自分たちが扱う企ての対象は、どんな存在になっていたら理想的だろうか？」：1つ目のボックス

　このように、**「まずは自分たちの事情や都合を手放す」**ためにも、自分たちが扱う企画なんて「関係なく存在する、向き合いたい社会」から、考えてみることをおすすめします。
　ビジネスにおいては、ともするとすぐに「売上倍増」「シェア・ナンバーワン奪還」「主力事業の復活」など、社会の理想なんてどこかにすっ飛ばして自分たちの目標ばかりで思考してしまいがちです。ビジョンとは前提、「社会を主語」にして考えるための項目なので、ぜひまずは「われわれが何をしようがしまいが、それとは関係なく社会は存在している」という、突き放した目線で考えてみることをおすすめします。突き放すのだけれど、自分のWill（意志）が大事というのも、一見矛盾するように思えるかもしれませんが、ここは第4章で詳しく考えてみましょう。

　もう1つの重要なポイントは、**ここで考える「社会」とは「どこからどこま**

でを指すのか?」という「社会の定義」です。

　以前、あるおもちゃ会社の採用選考を進んでいた学生さんから就活相談を受けました。大まかに言えば彼は「おもちゃで社会を良くする」というビジョンを面接で話そうとしていました。しかし、同時に彼はその志望動機に不安を覚えていました。

　たとえば、どんなに良いおもちゃが作れたとしても、海の向こうの国で残留地雷に苦しむ国の子どもたちを救うことにはつながりません。では、「おもちゃは社会を良くできない」「そんなことより地雷の除去をするほうが社会のためになるじゃないか」、そういう話になるのかというと、それはちょっと暴論ですよね。

　この話は、「おもちゃ会社が向き合おうとしている社会」と「地雷に苦しむ子どもたちの社会」は、どうも定義が違うのではないかということ。あまりに抽象的なのに多くの人が当たり前に使う「社会」という言葉なので、つい忘れてしまいがちですが、社会とはそれぞれの立場や役割、利害においていかようにでも形を変える、とても相対的な概念です。彼の不安の正体はまさにこの「自分にとっての、向き合いたい社会とは何か?」の定義の曖昧さだったといえます。

　彼が面接で語るべきは、「おもちゃが向き合うべき社会とは何か?」ということ。そのことを明文化することで、「社会を良くすると言っているが、たとえば地雷の解決にはまったくつながらないじゃないか!」なんて的外れな批判を防ぐことができます(さすがに面接官の方はこんなこと聞いてこないとは思いますが……)。

　この論理は、われわれの社会から余裕がなくなっているときに簡単に発動する論理です。たとえば、東日本大震災の直後に起こった「不謹慎狩り」も、「不謹慎だ!」と怒っていた人が定義している社会と、言われてしまった側が定義している社会が実は違うことによって起こっています。かつての村社会のように、コミュニティが一元的な社会構造だった時代はそこにズレは起こりにくかったのかもしれませんが、SNSで世界がつながりすぎた今、「お互いが見ている"社会"の定義が違うのに、そのことに気づかずにコミュニケーションをしてしまった結果、すれ違いが起こる」ケースは枚挙にいとまがありません。

また、たとえば「ほんの小さな半径を対象にした企画のコンセプトに、社会なんて大層なものを考える必要があるのか？」という疑問も湧いてくるかもしれません。しかし、先ほど「社会は相対的だ」と伝えた通り、それがたとえプライベートのような限定的な半径だとしても、複数の人間がある理想をともに分け持つ必要がある場合は、それを**「社会という単位」**とするのがこの構文における考え方です。

　「わが家の夏休みのコンセプト」が対象とする社会は、「わが家」なのかもしれませんし、「わが家とその周辺にいる親戚」まで含めるかもしれません。友だちの家族と合同で旅行に行くことが毎年の恒例になっているなどの事情があれば、その「友だちの家族」も社会の半径に入りそうですよね。
　このように、非常に相対的に定まる「社会」というものの半径を、そもそも、いったんどこまでに含めてコンセプトを考えるか？　どこまでを「関係のある人々」にするのか？　企画がこれから向き合おうとする「社会」がどこなのか？　漠然とした言葉に逃げずにきちんと定義することが非常に重要なポイントです。そして、バイアスのところで触れた「このバイアスに覆われている、われわれを含む単位」も、ここで見据える社会とほぼイコールになります。

　社会の半径は、必ずしも客観的に定まるものとは限りません。「われわれ当事者の持つ意志」も大きく関係してきます。人間にも「大勢の人の前で演説をすることが向いている人」もいれば、「たった1人の患者ととことん何年も向き合うことに向いている人」もいます。そしてその2者の間に優劣はなく、あるのは種類の違いだけではないでしょうか。同じように企てにも"ふさわしい社会の半径"があります。第2章の「集まる」のところで触れた「企画の適切な半径」と通ずる話でもありますが、ぜひ**「この企画が想定する"社会を良くする"の、社会って何のこと？」**というのは、抽象的にしたままにせず、たとえば誰のことを指しているのか、顔を浮かべて考えてみてください。

B×I×V＝「C」

■ 3元素が作るBIV-Cモデル

　このように、可視化されたコンセプトの裏には、これだけの背景が構成元素として存在しています。ただ、よく考えてみると実際にはバイアス（B）、インサイト（I）、ビジョン（V）こそが実態をともなった実社会の考察から導き出されますが、コンセプト（C）そのものは一番見えない概念です。オーケストラにおける指揮者が「本人は1音も出していないが、すべての音に影響を与え、楽曲全体・コンサート全体を方向づける存在」であるように、コンセプトも「外から見えるわけではないが、見えている要素すべてを方向づけている」わけです。

　3つの要素を整理すると、次の感じでしょうか。

バイアス（B）：「これまでの"われわれ"の常識と、どう異なるのか？」
・企ての作り手側、「内容を意思決定する」側が
・企ての対象物に対して抱いている「思い込み」

インサイト（I）：「"相手"のどんな欲求に応えるのか？」
・企ての受け手側が
・本人もまだ気づいていない、対象に対しての本当の欲求

ビジョン（V）：「どんな"社会"を理想として見据えるのか？」
・作り手と受け手がともに属している「社会」の
・お互いが「こうあれたらいいよね」という思える理想の未来であり
・そのときの、企ての対象との理想の関係性を定義したもの

こうすると、コンセプトとは、**「インサイト（I）を起点にしたときの、バイアス（B）とビジョン（V）の角度」** ということになります。はて、どういうことでしょうか？

　もう少し直感的にそれぞれの元素の関係性をつかむために、「BIV-C」のモデルを図で整理してみます。分解して順を追って見ていきましょう。

コンセプトの BIV-C モデル

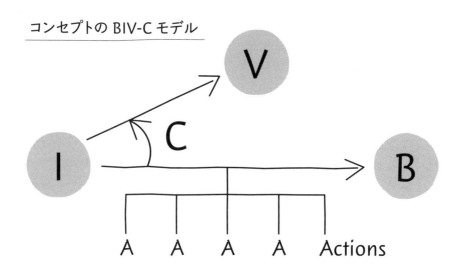

▣ 未来はまず「普通」の先に認知される

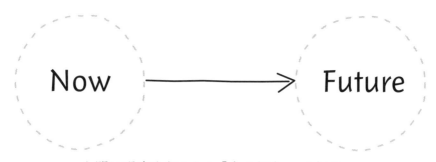

人間は現実を何となく「今の認知」で捉え、
これからもその認知が続く前提で考えている

まず最初に、現状の認知の話です。「今こうで（Now）、今後もこうだろうな（Future）」という認知が世の中にはたくさんあります。

　たとえば「ラーメンって汁物だよね」「車って走るよね」「ゲームって不健康だよね」など。現状、こうに決まっていると思っていること。変わらず続くと疑ってもいないこと。よく出る単語としては「普通○○だよね」という日本語表現も、この認知モデルに当てはまる思考から出てくる言葉です。

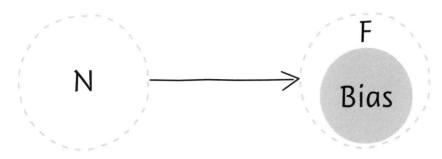

しかし、その未来の見通しには「バイアス（B）」が
前提として含まれていることに気づかない

　しかし、その認知とそれに基づく未来の見通しこそ、「バイアス（B）」によって生じているのです。「放っておくとこうなるはずだ」と人が思っているこの横一直線の矢印。まさに「現状の延長線上」ともいえる認知は、その認知が今後も変わらないという暗黙の前提によって見通されています。

　人に限らず、大方の生き物はバイアスを使わないと生きていけないようにできています。毎朝起きてから、「あのドアのようなものは、本当はドアではないかもしれない。これは自分のバイアスにすぎないのかもしれない！」などと、いちいち自分の認知をすべて疑ってかかっていたのでは、何もできませんよね。ですので、バイアスそのものが悪というわけではないのですが、「そんなバイアスによって、何かが見えなくなってしまう」ことが、もしかすると古い約束によって誰かが苦しんでいたり、新たな可能性を見落としてしまうことにつながるという考え方です。さて、そうだとしたときに、何を見落としているのでしょうか？

🔲 バイアス（B）とインサイト（I）の間に「ジレンマ」がある

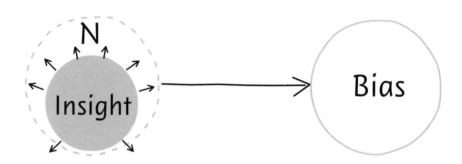

そんな「バイアス（B）」によって、社会も本人も気づいていない「ここではないどこか」を欲する別の方向に向かう「欲=インサイト（I）」が違う角度に向かって存在している

　そこで見落とされているものこそ、「インサイト（I）」です。見落としている当事者は業界や社会といった、本人を取り巻く周りだけとは限らず、本人自体も世の中の常識に順応する形で自分の本当の欲求の存在に気づけていないことが多いです。

　社会も自分自身も、知らず知らずのうちにあきらめたり受け入れたりされていることの中に、現状の延長線とは違う「ちょっとした思い」が、あちらこちらに大小さまざまな矢印で実は存在している——そんな本人すらもはっきりと自覚していないけれど、現状で応えられているわけではない欲求こそ、「ここではないどこかへ」という感触として本人の中に漂っているということです。

　感覚的に理解するうえでの重要なポイントは「インサイトは無数に存在する」ということ。ともすると、従事している企画作業において、客観的に1つだけ存在する正解のようにインサイトを捉えてしまう人が少なくないように思います。

しかし、そもそも本人すら自覚できていない欲求が1つなわけがありません。無数に存在し得るインサイトの中で、どのインサイトをこの企画のコンセプトで受け止める欲求として採択するのか？　マークシートのテストの答案のような感覚ではなく、どちらかというと絵や音楽を創作するときに近い、「答えはないけれど最適な選択は存在する」ような感覚で向き合うのがふさわしいと感じます。

ここまでのバイアスとインサイトの関係だけでも、コンセプトを考えるうえでの最小単位のペアは理解いただけるのではないでしょうか？　**「本当はこうしたいのに、世の中の思い込みはそれに気づいていない」という、まさにジレンマこそ、コンセプトの立脚点**になるからです。極端な話、まだ誰も見つけていないジレンマをバイアス（B）とインサイト（I）のはざまに見つけることができれば、コンセプト（C）の見立ては相当いいところまでできているといえるでしょう。ただ、できればそのコンセプトの効果を強く輝けるものにしたいですよね。そのための元素がビジョン（V）です。

▣ ビジョン（V）が「勇気」の原動力

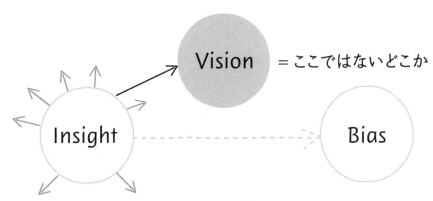

コンセプト（C）を考える"われわれ"が
「未来がこうなったらいいのに！」と「夢見る理想=ビジョン（V）」と
「インサイト（I）が呼応する可能性が見つけられれば……

無数にあるインサイト（I）から、今回の企画で応えるインサイトはどれにするべきか？　どのように選べばいいのでしょうか？

　当然、「自分たちの企てが何か？　そしてその企てが属する社会とは何か？」で規定されるというのは、「おもちゃ会社と残留地雷」の話でお伝えした通りです。加えて、とても重要なのは**「そもそも、自分たちは、“社会”がどうなっていることを夢見てこの企てに従事しているのか？」**という、まさにビジョン（V）なのです。ビジョンとインサイトの関係は、次のようになります。

・個人個人の中にある、まだ見ぬ小さきインサイトが、もし理想的に叶ったらどんな世の中になるのかこそ、ビジョンであり
・大きな夢であるビジョンが、誰にも求められもしない絵空事にならずに済むかどうかは、今の日々を暮らす人々の小さなインサイトと、距離はあれど地続きかどうかにかかっている

　既存の認知から外れてこそのコンセプトなので、当然「そんなの無理だ」と言ってくる人は出てくるはずですし、あなたも「変な人」扱いされるかもしれません。そもそも「ここではないどこか」へ行くということは、現状の流れを逆流するようなものなので、抵抗や摩擦は当然発生します。だからこそ、「いろいろな反論はあるが、自分には確信がある」という、精神で抗うための土台に必要で、それがビジョンだと僕は考えています。先ほどのジュール・ベルヌの名言は、まさに「ビジョンがあればきっと実現できる」と置き換えられるということでもあります。

　また、近年、特に若者から支持を集めた広告メッセージや企業のスローガンには、単に商品の説明や魅力の表現ではなく、目にする相手や社会に対して、今までとは異なる「ここではないどこか」そのものを提示したものが多いように感じます。
　「広告だからものを売るために」「企業だから株価を上げるために」――そういった視野を超えて、まず古い約束を破棄し、新しい約束のあり方を社会に提案しているメッセージです。人々はもはや、単に「欲しいものを買う」のではなく、「私もこうありたい」という自身の理想のあり方を求めています。「ここではないどこか」を示してほしいと思っています。

だから、あなたが世の中に放つ企画が、そのまま誰かにとっての「ここではないどこか」になっているのが、一番強い。

　ということは、まず作り手も「私たちはこうありたい」というビジョンを示し続けないといけない。「僕らには理想もへったくれもなくて、売れるなら何でもやるんですよ」という、企画の人格がサイコパスに感じられてしまう振る舞いは、今後ますます愛されなくなっていくでしょう。

　虎屋もエルメスも「マーケティングはしない」と言っています。言い換えるなら、「お客様に『欲しい』と言われたら何でも作ってしまうのは違う」という意味でしょう。バイアス（B）やインサイト（I）の以前に、企画をするあなた自身のビジョン（V）は何なのか？　これからますますビジョンが企画を遂行するための足腰として問われるようになるでしょう。

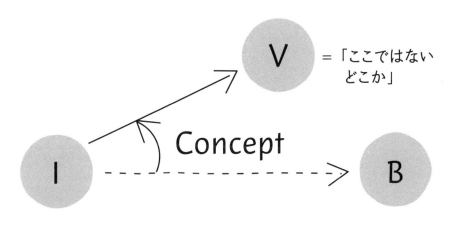

「このままの現実=B」への違和感をもとに
「ここではないどこか=I→V」を見立てたとき、
そこに踏み出す羅針盤となる角度こそ「C=コンセプト」

⌐ コンセプト(C)＝「新しい提案」がつける、 普通の未来との“角度”

　これでバイアス（B）、インサイト（I）、ビジョン（V）の関係性は整理できました。それでは、この本の本題でもある「コンセプト（C）」はどこに入るかというと、次のようになります。

　　これまで通りの認知で“普通”に考えるとこうなるけれど　＝　B
　　実は人々が感じている、まだ満たされていない欲求に応え　＝　I
　　その先に「こういう社会が実現できたらいいよね」と考えると　＝　V
　　この企てのコンセプトはこうなります　＝　C

　平たい言葉で書くならこういうことです。まさにコンセプト構文そのものなんですが、端的にいうと、**「コンセプトとは、現状と理想の角度である」**といえるでしょう。数学的に表記するなら「$\angle BIV = C$」ですね。「放っておくとこうなるんだけど（バイアス）、そうじゃなくてこうなんです（インサイト）」と「角度」をつける。その角度を定義したものがコンセプトだと僕は考えます。

　「アイドルってなかなか会えないもの……でも会えちゃうのもありなんじゃない？」「ゲームって不健康なもの……でもゲームをしながらヘルシーになれるんじゃない？」。「ここではないどこか」の対義語こそまさに「このまま」であり、コンセプトとは「このまま」に対して、違いを見出した先に「ここではないどこか」が「どこに」あるのかを指し示す、いわば角度なのです。

　つまり、

　「作り手の思い込みを超えて」
　「受け手の、まだ気づいていない欲求の新しい満たし方を実現し」
　「結果、今より良い社会の実現に、少しだけでも近づく」

というような提案になっていると、それはとても良いコンセプトであるということです。ここで「提案」という言葉を使っているのは、やはりコンセプ

トには、それを生み出して企てに搭載する人の、能動的な意志が必要だから。単に「上手に言葉にした」「いい分析ワードを作った」だけでは、それはコンセプトとはいえません。

会えないのがアイドルと思われていた中で、「会いに行けるアイドル」はどうですか？
家と職場の往復が日常の人々に対して、「サードプレイスという居場所」はどうですか？
ゲームは不健康だと思い込んでいる人々に対して、「出かけたくなるスマホゲーム」はどうですか？

　このように、やっぱり**良いコンセプトって、良い「提案」になっている**のです。逆に言えば、「何の提案にもなっていない」ものは、ちょっと厳しいかもしれません。

困っている人、満たされていない人がいて
でも既存のプレーヤーはそれを見すごしてきていて
もしそれを満たすことができたら、
今よりちょっと良い未来が実現できるかも

となったとき、さてあなたならどんな提案をしますか？
「その提案の方向性を創り出してみましょう！」というのが、ざっくり平たくいうところの「コンセプトを創る」ということです。

　これまでのモデル図を見ておわかりいただけるように、コンセプトの角度に決まりはありません。だから常識をガラッと変えるような「180度チェンジ」コンセプトもありだし、ちょっとだけ今までと変える「1度ずらし」でも、それが「たった1度でガラリと新しい意味を生み出すコンセプトになる」のであれば、掲げる価値のあるコンセプトです。何だか曖昧だった「コンセプト」の姿が、クリアになってきませんか？

　対象になる企てが果たしてどのくらい新しくあるべきなのかは論点の1つで、これは相手のニーズによって決まるだけでなく、企てをする側の意志によるところもあります。「新しいか否か」という二元論ではなくて、角度で

捉えるのがいいのはその点からです。

　もちろん、「欲求を満たすには、多少は新しくないといけない」のは前提で、なぜなら本当に１度も新しくない企画は、すでにある別の何かで事足りてしまうからですし、言い換えるならそれは「ここではないどこか」に行く必要がないということになってしまうからです。でも「新しければ、それだけで欲求を満たすということではない」ので、「新しければそれだけでOK」ということでもない点は留意したいところです。

　このモデルで整理すると、バイアスのままに見通される未来の線は、何とも面白くなさそうで良くなさそうに見えるかもしれません。しかし、実際にコンセプトを見立てる過程でのこの線はまったく逆の見え方として現れます。

　伝説的なバラエティ番組「電波少年」を企画した元日本テレビの土屋敏男プロデューサーは、当時、初めて企画を社内で提出したときに、ほとんどの社員から「こんなものはテレビではない」と否定されたそうです。売れる前の芸人の起用、ハンディカムを彼らに持たせるのみの撮影スタイル、台本を作り込まずに現場のハプニングに委ねるスタイル…… どれをとっても当時のテレビ制作の常識からすると、邪道そのものだったのだといえます。しかし土屋さんはその同僚たちのリアクションを見て、「これはいけるかもしれない。ものすごい新しいものが生まれるかもしれない」と思ったそうです。

　つまり、バイアスが示す未来こそ本来の王道であって、それに対して変な角度をつける**コンセプトは、少なくとも世に生まれる前では邪道扱いをされる**ということです。「そんなのは○○ではない」のところに、企画対象が属する業界や、概念領域を入れて考えてみてください。ときとしてそのような強い言葉で非難される可能性すら帯びるコンセプトが、「ここではないどこか」へ行くためには必要といえるし、たとえ周りが「そんなの○○じゃない」と批判してきたとしても自分だけは「これはいける」と確信を持つためにこそ、BIVに立脚した良いコンセプトが必要なのかもしれません。

　OpenAI CEOのサム・アルトマンも、「良いアイデアは一瞬、狂ってるように聞こえるものだが論理的に正しいものである」と言っています。この言葉は、アイデアをコンセプトに置き換えてもそのまま成り立つと感じます。その"論理的な正しさ"こそ、いきなり閃きだけでコンセプトを出そうとせずに、

BIV起点で設計することから作られる正しさなのです。そしてその正しさを
もってして、コンセプトは「勇気と確信の根源」になるということです。

🖺 コンセプト（C）が「A＝アクション」を生み、
  現実を変える

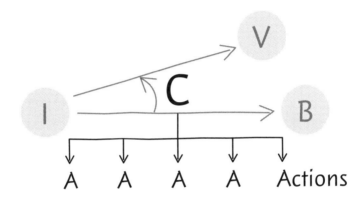

コンセプト（C）によって方向づけられる「新たな認知→
尺度→決定」によって、「実際、何を行動していくか＝Actions」を
決めて実行していくことで「ここではないどこか」が具体的にどんな
未来なのかが形になっていく

　コンセプトが見立てられたら、それにのっとって、「実際に社会において
この企ては何をしていくのか？」という「アクション＝Action」につながっ
ていきます。コンセプトで止まってしまっては、「羅針盤は手に入れたのに
出航はしない」状態になってしまいます。そのコンセプトが見立てた新しい
認知と尺度、それによってなされる意思決定とその先にある「ここではない
どこかを現実にする」ために、コンセプト（C）をアクション（A）につな
げていきます。

🔖 3つとも揃わないと、ダメなのか？

仮にバイアス（B）とインサイト（I）とビジョン（V）のどれかだけをうまく捕まえて、そこからコンセプトをいきなり出したとして、どんな不具合が起こり得るのでしょうか？

たとえば、**バイアス（B）だけでコンセプトを出そうとする、単なる「逆ばり」**だけしかできない恐れが高いです。「普通こうだけど、逆で考えるとこうだよね！」というのは、言うだけだったら割とすぐにできてしまうのですが、本当に大変なのは、そんな邪道なコンセプトを、かかわる全員を口説きながら、味方を増やしながら、世の中に実現させるときです。

ともすると、「話としては面白かったけど、誰も欲しがらないもの」や、「そもそも自分も逆を言ってるだけなので、当事者としてやる気はない」という仮説ばかり出てくるということにつながります。

近頃、論破ブームが一周して、それに対する警鐘も聞かれるようになりましたが、誰かの裏をかいて言い負かしても、それが誰かの「ありがとう」につながるとは限らないということです。確かに「新しさ」は出せるかもしれませんし、何かしらの「新しさがないと欲しがられない」のは真理かもしれませんが、一方で「新しいから欲しがられる」わけではありません。

インサイト（I）だけで考えると、「それを自分たちが当事者としてやる理由」が見つからないかもしれません。ともすると、正しいリサーチをすればするほど、発見されるインサイトはどこも似たものになることがあります。インサイトは無数に存在するので、実は「見つからない」ことと同じくらい、「見つかりすぎて逆にどれを起点にしたらいいのかわからない」ということも起こります。もっと楽しみたいし、ヘルシーさを求めているし、でもおいしさも求めていて…… のように、"そりゃみんな多かれ少なかれ思っているよ"という、当たり前の欲望集が出来上がってしまうことは、インサイトを考えるミーティングでのあるあるではないでしょうか？

難しいのは「出す」ことではなく、その中から「今回の企てで根差すべき、コアのインサイトはどれか？」を決めること。相手からすると"関係のないこと"ともいえる、「その企てを、われわれがやる理由は何か？」という問いには、

インサイトだけでは答えられません。相手に答えを求めすぎずに、バイアス（B）やビジョン（V）から角度として見出すべきポイントなのかもしれません。

　また、インサイトだけで突破しようとすると「すでに人がうっすら感じていることをベースにしたコンセプト」が出やすいので、どうしても現状の延長線上の「改善案」になりがちで、「ここではないどこか」へ行けない確率が上がります。人はないものを自覚的に欲しがることができないからこのようなことが起こるのですが、詳しくは第4章で触れます。

　ビジョン（V）だけだと「空回り」になる恐れがあります。熱血で、社会への課題意識もあるのだけれど、どうにもそれが伝わらなかったり、遠巻きに応援はされるんだけど手伝ってくれたり、企てに参加してくれる人が増えないとすると、まさにそれは「独りよがりの空回り」になっている証拠かもしれません。
　熱いのはいいのだけれど、いざ世の中に出してみたら"誰も求めてないもの"の出来上がりだったりする。加えて、独善的に考えるだけだと、ほかの似た企てとかぶることも起こりやすくなります。「熱血なのはわかるけど、ほかのプレーヤーもよく言ってますよね」ということになりやすいです。

　やはり、「本当にそれを欲する人が存在するのか」「似ているほかの存在ではなく、これである必要の根拠に、思い込みを逸脱する独自の発想が入っているか」は大事です。

コンセプトの形状

╚┓ 基本的には「世の中に出ない」

　さて、このように多くの変数を検討して結晶として生まれるコンセプトですが、皆さんは、ご自分が好きな商品やブランドのコンセプトを知っていますか？　「知らない」という方も多いのではないでしょうか？　そう、コンセプトとは基本的には世の中に直接出ないものです。

　友人のコピーライターの阿部広太郎くんのさすがな表現を借りると、「コンセプトは、おにぎりの具のようなもの」ということ。外側からは見えないけれど、そのおにぎりの価値を決定づけるのが具ですよね。「鮭」「梅干し」など、それが何者であるか定義してくれる存在こそ、まさにコンセプトということです。

　スターバックスの「サードプレイス」も、店内や商品ポスターには特に書かれていません。また、「サードプレイスだからスタバに行く」という人もほぼいないでしょう。けれど「サードプレイス」というコンセプトがスターバックスの1つ1つの変数にいかに新たな「認知→尺度→決定」をもたらしているかは、「スタバ」という固有名詞が1ジャンル名のように一般名詞化している現状を思えば、一目瞭然です。このコンセプトがなければ、電源席も、余裕のある席配置も、禁煙を徹底していることも、もしかしたらなかったかもしれないのです。コンセプトがあるからこそ、1つ1つの構成要素を、「定めて」「閃いて」「際立てる」ことができているのです。

　世の中に出ないとしても、コンセプトを活用する立場の企画サイドの人たちにとって、それが端的にわかりやすく共有され機能する必要はもちろんあります。そのときにコンセプトがどんな形状をとることが多いのか？　実は言葉だけではないその形状を、代表的な5つとしてそれぞれのメリットも含

110

めて説明していきます。

⚏ 形状その1:「言葉」

　まずは何しろ、言葉ですね。これまで触れてきたコンセプトの話はすべて、「サードプレイス」や「会いに行けるアイドル」といった「言葉」でした。最もよくある形状がこの「言葉」です。なぜなら**作る側にとっても受け手側にとっても非常に「使いやすい」形状だから**です。ペンと紙さえあれば、あるいはスマホさえあればどんなところでも試作が可能ですし、コストもほぼかかりません。

　また、言葉さえ通じればどんな人にもひとまず共有することは可能ですし、プレゼンテーションの時間も労力もとても少なく済みます。

　さらに言葉のいいところは、「仮定」や「未来」や「概念」など、今はまだ存在しないものも扱えるところ。まだ誰も見たことがない企画でも、言葉でならそのコンセプトを表現することが可能です。もちろんそこにはメタファーや詩作のスキルなど、コツは必要ですが、受け取る側にリテラシーをそこまで求めないのも、メリットの1つといえるでしょう。

⚏ 形状その2:「絵」

　2つ目の形状は、「絵」です。

　皆さんは、ハーブ・ライマンが書いた、ディズニーランドのコンセプトアートをご存じですか？

　『ディズニー　夢の王国を作る』（マーティ・スクラー、河出書房新社、2014年）から該当箇所を引用します。

　1953年9月26日の午前10時ごろ、思いがけずウォルトから電話があった。
（中略）
「ハービー、私はアミューズメントパークを作ろうとしている。今もちょうどその話

をしているところだ」

　…………「どんな名前になるんですか?」

「ディズニーランドにしようと思っている」

「いい名前ですね。ところで、私にどんなご用ですか?」

「月曜日の朝、ロイがニューヨークに行く。銀行家に会うんだ。
　手始めに1700万ドルの資金が必要だ。………………君もわかるだろう、
　銀行家には想像力がない。やりたいことを説明しても、彼らはイメージを思い
　描けない。視覚的に表現できないんだ。そこで、カネを引き出せそうな機会に、
　私たちがやろうとしていることを見せなければならない」

「私にもぜひ見せてください。どこにあるんですか?」

　彼は私を指さして言った。

「君が描くんだ!」

　こうして描きあげられた最初のイラストの段階ですでにディズニーランド
の原型がかなり精緻に描かれており、ウォルトの妄想がハーブの絵の力によ
ってコンセプトになったことがよくわかるエピソードです。

　先ほど、「言葉」はコンセプトの表現方法として万能と言いましたが、弱
みとしては、相手との文化的背景などが違ったりすると伝わらない部分もあ
るということ。たとえば、日本語のコンセプトを、英語圏の人にそのニュア
ンスも含めて伝わるようにするのは、単純な翻訳だけではうまくいくとは限
りません。また、頭の中のイメージを「言葉」として共有しても、それぞれ
の人が頭で理解しようとするときに、同じ状態で解凍されるとは限りません。
言葉はどうしても「既存の概念の掛け合わせ以上のものを表現しづらい」と
いうのもデメリットの1つです。

　その点、絵は言語の壁を越えて同じものを形として共有ができます。ウォ
ルトが、銀行家という異なる価値観・文化的背景を持つ相手にコンセプトを
伝えるために選んだ手段がグラフィックだったのも納得のいく話です。

　最近、会議やトークセッションなどで、出た意見やアイデアをその場で描
くグラフィックレコーディングが注目されているように、**絵は解釈のズレを
減らし、しかも直感的に瞬時に、何をやろうとしているのかをリッチな情報量で表
現できます。**

⌐ 形状その3：「図」

　絵と似て非なる３つ目の形状が「図」です。例として、有名なコンセプトの図として、ジェフ・ベゾスが紙ナプキンに描いたAmazonのビジネスモデル図を紹介します。端的にこれから彼が、Amazonというまだ見ぬビジネスで何を生み出そうとしているかが定義されています。この新しくも普遍的な図が、のちに当時の大手書店を脅かしていくことになるわけです。

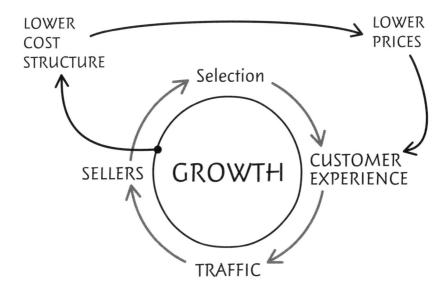

┗┓ 形状その4:「物語」

　4つ目の「物語」はある意味、言葉と絵、図を複合させたものともいえます。有名な事例として、スープストックトーキョーの「スープのある1日」を挙げます。創業者の遠山正道さんは当初、社内の新規事業としてスープストックを起案したのですが、上長をはじめとする関係者の説得のために「物語形式の企画書」を作りました。

　「スープのある1日」と銘打たれたその企画書は、スープストックという存在が、すでにそれが存在しているかのようなスタイルの物語で描かれており、立地、メニュー、お客様の評判からビジネスモデルの解析まで、非常に具体的に記されています。また、「秋野つゆ」さんという架空の女性を"スープストックの擬人化"として設定し、メニューは彼女が好むもの、インテリアは彼女の性格を現したような内装、お客様は彼女を慕って集まってくる人を想像するという、ロジックだけでは測れない意思統一を「定める」ことに成功しました。

　物語で描くコンセプトとしてはこのような事例のほかに、動画や、長めの文章（「ステイトメント」と呼ばれます）に落とし込むものもあります。

　これらは、情報がリッチで立体的ということに加えて、**情緒をともなって伝えられることが最大の特徴**です。「エモい」コンセプトの形状ともいえ、「わかる」を超えて、共感や「好き」にまで行き着けるのがこの形の特徴です。論理的に判断するだけではなかなか賛同を得られないような野心的で不確実性を高くともなうコンセプトになればなるほど、理屈を超えた魅力をプロジェクトの初期から帯びている必要性が高まります。そんな仲間を巻き込むときにエモーションは大切なので、有効な方法といえるでしょう。

┗┓ 形状その5:「プロダクト」

　5つ目の形状はプロダクトです。これはいわゆるプロトタイプを作ってみせるという方法です。たとえば、モーターショーで各ブランドから出展される「コンセプトカーモデル」も、費用と工数を潤沢にかけたコンセプトプロ

ダクトの展示といえるかもしれません。

言葉やスライドでは伝わらない部分までカタチで見せるのがプロダクトプロトタイピングですから、説得力は最強といえるかもしれません。

「やってみないとわからない」という邪道に入っていく前に、「ちょっとだけ、やってみました」を見せるというこの方法。「出かけたくなるスマホゲーム」のような、従来の社会のバイアスと真逆な提案ほど、「すごそうだとは感じるけれど、実際どういうこと？」のような、理解のハードルの高さやそれにともなってリスクが大きいと感じられるので、反対の意見が想定されます。そのような、王道からの角度が大胆に設定されるコンセプトほど、「簡単に作ってみたんで、まあ見てください」というプロダクトでの提示は有効な手段です。

🔖 ベストな形を選択するために

ここまでコンセプトの形をご説明してきました。
ここでそれぞれの特徴を相対的に比較してみましょう。

コンセプトの「形状」

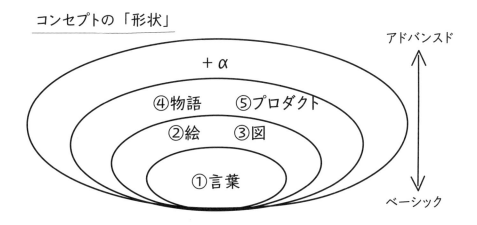

中心にある「①言葉」は、ペンと紙さえあればできる一番コストをかけずに作れるものです。そこから外に向かうほど、多種多様なスキルを自ら有し

ているか、あるいはほかの人を巻き込まなければ作るのが難しくなります。結局そのコンセプトの形状を作る前に仲間に引き入れる、つまり口説かなければいけないことになります。

　現実的には、「①言葉」「②絵」「③図」からコンセプトデザインをスタートし、仲間を増やしながら、より大きな合意形成を目指して、「④物語」「⑤プロダクト」の形状も検討・制作していくことが多いと思います。なので、コンセプトを作るときには、皆さん①②③の中で「自分が得意なこと」「相手が受け入れやすいもの」で考えていくことがおすすめです。

　一方で、現代はクリエイティブツールが生成系AIの技術も組み込む形でどんどん高度化・民主化しています。3Dプリンタの存在によってカタチにするハードルも下がっていますし、スキルを持つ人に呼びかけ、賛同者を募るツールも発達してきています。今後ますます、個人がとり得るコンセプトの形状が言語以外にも拡がっていくでしょう。逆に、言語ファーストではないもののほうがほかの誰もが考えていない、未踏のコンセプトまでたどり着く近道になるかもしれません。

　ただ注意すべきは「コンセプトはあくまでも、企画の諸々の変数を意思決定する存在でないといけない」ということです。たとえば「今回はコンセプトを香りで表現しました」というやり方。とてもステキで何やら新しい閃きも生まれそうですが、どちらかというとそれは「コンセプトそのもの」というよりは、「コンセプトを体現した世界観のシンボル」のようなものです。

　判断基準としては、**「そのコンセプトで、これまでとは違う尺度で意思決定ができますか?」**ということ。

　たとえば「この香りが今回のコンセプトだから、みんなこれにのっとってよろしくね!」と言って、自分以外のチームメンバーが理解できるか?　あまりに抽象度が高かったり、意思決定の起点にするにはアーティスティックすぎる方法でコンセプトを定義するのはあまりおすすめしません。

　また、**コンセプトの形状はできれば2種類以上、あわせて提示したほうがいいです。**コンセプトが影響を及ぼす「われわれ」を構成する人々にも、いろいろな物事の認知のクセの持ち主がいるケースがあります。ある人は言葉でものを考

えるけれど、ある人は絵で理解するほうが得意で、またある人は図でロジカルに定義してくれないと理解しようとしてくれない…… こんなケースはどんなチームでも起こり得ますよね。

　ですので、コンセプトを使う人たちを思い浮かべて、ロジカルかエモーショナルか。どんな物事の理解パターンの人か。考えてみてください。ばらつきがあったとしても、複数種合わせてコンセプトの形状を作ると、その差を乗り越えて合意形成が作れる確率は上がります。「言葉＋それ以外1種」をベーシックな型として意識するだけで、伝わる確率は大幅アップします。

コンセプトと似て非なるもの

⌐ "コンセプト"がつく単語たち

　ここで、コンセプトと「似て非なる概念」を整理します。というのも、巷でよく見る「コンセプト」と言われているものの中に、けっこうな割合で、「これは実はコンセプトではない」ものが混ざっているように思うからです。そんな、コンセプトの「お隣さん」を整理しながら、それとコンセプトの違いを明らかにしてみることで、よりくっきりとコンセプトの輪郭をつかめればと思います。

　最初に、コンセプトがつく単語について、例を挙げてみます。

コンセプトカー：自動車メーカーが将来的に発売する可能性のある車種のデザインや技術的なアイデアを示す試作車のこと。

コンセプトモデル：製品や建築物などの設計を示す模型で、デザインや構造などの基本的なアイデアを表現するために使用される。

コンセプトアート：ゲームや映画、アニメなどの世界観やキャラクターデザインを表現するためのアートワーク。

コンセプトストア：商品を販売する店舗の中で、特定のテーマやコンセプトに基づいたディスプレイや販売方法を取り入れた店舗のこと。

コンセプトムービー：映画やアニメーションの企画段階で、ストーリーやキャラクターの設定を示すための動画。

コンセプトフェーズ：製品開発の初期段階で、製品の基本的なアイデアを明確にし、設計の方向性を決定する段階。

コンセプトマップ：アイデアや概念を図式化したもので、関連する概念を結びつけることで、問題解決やアイデアの発展をうながすことができる。

　前述の５つの形状とも重なるものも含めて、けっこういろいろな種類がありますが、すべてに共通しているポイントは「実際に世に出す商品やサービス、活動そのものとは異なる」ということでしょう。制作途上での意思統一のために作られたり、そのままでは商業ベースに載らないようなコスト構造になっているもの、あるいはティザー的に公開することで期待を集めたり資金調達などを叶えるなど、事情はさまざまです。
　これらを「コンセプト」とする一方で、「コンセプトとよく間違われるもの」にはどんなものがあるのでしょうか？

⊓ コピー＝コンセプトを伝える手段

　最も混同しがちなものが「コピー」です。言葉という形状で、端的に対象について伝達するという点においては一緒ですから。では違いは何か？　これもコピーライター阿部広太郎くんとの雑談で話し合った内容から引用します。コピーとコンセプトの関係は、次のようなものであるという話になりました。

・コンセプトなしにコピーを書くことは普通できない
・なぜなら、コンセプトは「What to say＝何をいうべきか」であり、コピーは「How to say＝それをどのような表現でいうべきか」だから
・いわばコンセプトが中身で、コピーはそれを包むパッケージのようなもの

　コンセプトの効果が前述の「5＋1」だとすると、コピーはそれを目にする人を「振り向かせる」「心を揺さぶる」「印象に残す」といった効果に比重が置かれているともいえます。

コンセプトは「基本は世に出ない」のですが、コピーは「世に出ないと意味がない」ものだという違いからも、両者はかなり異なることがおわかりいただけるのではないでしょうか。もちろん、中身であるコンセプトを含んだうえで、それをどう注目を集め、興味を持ってもらえる形の言葉に昇華するかという意味では、コンセプトで定義した価値も含まれてはいるので、完全に関係ない言葉になってしまうとそれはそれでコピーとしてNGです。ただ、やはり「それを何と言えば、人々に振り向いてもらえるか？」に比重が重く置かれているのがコピーといえそうです。

ただし、「コンセプトは世の中に見えないもの」かというと、最近はコンセプトをプレスリリースに載せるなど、表に伝える例も増えています。コンセプトは決して「隠さなくてはいけないもの」でもないのです。今は作り手と受け手の区分けが曖昧になっている時代なので、コンセプトも作り手だけに閉じず、共有するようになってきているのだと思います。コミュニティやファンマーケティング、クラウドファンディングなど、どちらが「われわれ」でどちらが「相手」なのかが曖昧になり、共創の時代になっているともいえます。裏側や制作秘話を聞くことでよりそのブランドや商品を好きになった体験は皆さんも一度はあるのではないでしょうか？

このように、魅力的なコンセプトは、出すタイミングとシーンをデザインすれば、よりその活動に巻き込む力が増す時代だと思います。
僕の友人で「Tokyo Work Design Week（TWDW）」などのプロジェクトプロデューサーを務める横石崇さんは、多くの人を巻き込むためにも、「コンセプトは表に出していったほうがよい」と言います。
たとえば、そのTWDWの初期に彼が周りに伝えていたコンセプトは「働き方のフジロック」でした。また、別で手がけているプロジェクトに「渋谷○○書店」というものがあります。このプロジェクトのコンセプトは、「偏愛エコノミー」。それぞれの偏愛を持ち寄り交換していくという考え方のもと、各人が棚主になり、偏愛を詰め込んだ本棚を作るというこの企画。僕自身も、このコンセプトに惹かれて棚主になった1人です。
コンセプトは外に出ないから魅力的な表現である必要はないと考えずに、彼のようにコンセプトの段階からワーディングにこだわるという考え方は、今後ますます主流になっていくのかもしれません。これは言い換えれば「コ

ンセプトがそのまま、コピーとして通用する」ともいえます。

　友人のクリエイティブディレクターの明円卓さんの仕事もまさにそれ。「JANAI COFFEE」「友達がやってるカフェ」など、コンセプトでありネーミングでもあるものが多数あります。あまりにコンセプトが強烈な場合は、それと別にコピーやネーミングを考えるよりも、そのまま伝達したほうが早く強いケースはあります。「商品名＝コピー＝コンセプト」みたいなこともダメではないどころか、情報が多すぎる日々を生きるわれわれからすると、伝達スピードを考えるうえでも得策ですらあるかもしれません。

　ただし、間違ってはいけないのは、「コンセプトの表現がそのままコピーになることはある」けれど、「コピーをいきなり考えてそれがコンセプトになることは基本的にない」ということです。ゆるスポーツのコンセプトの生みの親である、世界ゆるスポーツ協会代表理事のコピーライター澤田智洋さんも、「今の世の中、キャッチコピーの前に、キャッチ概念が求められている」と提言されていて、コンセプトと直結するコピーという領域はますますいろいろなケースが増えていくのかもしれません。

　このように、基本的な関係性としては 「コンセプトを伝える手段の1つがコピーである」 という風に覚えてください。

⏏ アイデア＝コンセプトを具現化するための着想

　アイデアとコンセプトの違いは、僕の友人のおもちゃクリエイターの高橋晋平さんが明快な答えを教えてくれました。
「コンセプトに“たとえば”をつけたものがアイデア。複数のアイデアを“要するに”でまとめたものがコンセプトです。 僕の場合は普段、思いつくアイデアを出し切ってから、“要するに“でまとめるという順番で、あとからコンセプトを出すことが多いですね。このへんは自分の得意な思考の順番で考えたほうが良いコンセプト、良いアイデアが生み出せると思います」

前述の「アクション」にあたるのがアイデアだとすると、コンセプトとは位相が異なることはおわかりいただけるかと思います。指揮者がコンセプトなら、その指揮に基づいて実際に音を出すための奏法がアイデアです。

　基本的な関係性としては「コンセプトを具現化する仮説がアイデアである」という風に覚えてください。

🗗 トンマナ＝コンセプトを具体化するときの方針

　「トンマナ」とは「トーンアンドマナー」の略語で、文章やデザインなどの表現における一貫性・統一性を保つためのルールのことです。「今回のイベントはフジロック風で！」みたいなものが含まれますが、これも「コンセプト」と間違えてカウントされていることをたまに目にします。

　必ずしもコンセプトだけで、たとえば「キーカラーは赤がいいか、青がいいか」を決められるわけではないように、コンセプト以外の変数も加味して定義されなくてはならないのがトンマナです。なので、こちらの関係性もコピーやアイデアと同様で、「コンセプトを具体化するときの方針の1つがトンマナである」くらいに捉えるのがよさそうです。

🗗 ネーミング＝コンセプトの対象の呼び名

　これはコピーのところでも述べたように、「WhatとHowの違い」で説明できます。コピーと比べてネーミングのほうが、よりコンセプトとの距離を遠くとって可能性を模索したほうがいい要素かもしれません。なぜならネーミングとは必ずしも「これは何者で、どんな意味や価値を持ったものなのか？」という説明だけで決まるものではないからです。

　何となく響きが可愛かったり、覚えやすかったり、そのジャンルの中で異彩を放つ適度な違和感があったり……「良い印象で覚えてもらったり、呼んでもらう」という、コンセプトとは明確に異なる役割がネーミングには求め

られます。極論、意味が何かを説明できなくていいわけです。機能的な価値が強かったり、あるいは「友達がやってるカフェ」のように完全に新ジャンルなのでその意味を表現するだけでネーミングとして強力に機能する場合を除けば、いったん別物として考えるほうがいいでしょう。**「コンセプトが規定する具体物の呼び名がネーミングである」**としておくので問題ありません。

🔖 トレンドキーワード＝コンセプトを取り巻く客観事象

「2000年問題」「少子高齢化」「家ナカ消費」のような、ある一時期の社会現象に名前をつけるものも、コンセプトとよく似たところにある概念ですが、決定的な違いは「前向きな意志の有無」だと思います。これらの社会現象名はどちらかというと、名付けた人の意志やオーナーシップは「なければないほうがいい」という、客観性を求められる概念です。

　一方でコンセプトは、その企画のオーナーシップが色濃くそこに反映され、未来に対しての意志のある提案性を帯びているものであるべきです。両者の関係性は、たとえば「少子高齢化という社会現象を受けて、われわれの企画のコンセプトは○○でいこう」というような、客観と主観、自分たちの外側にあるか内側にあるかという違いがありそうです。

　もちろん、コンセプトの中にもたとえば「課題先進国」のような「社会運営のコンセプト」のような半径の大きなものでありつつ提唱者のビジョンが入っているものもあるので、一見すると社会現象名と区別がつきにくいことも少なくありませんが、「そのように捉えてやっていこうよ」という世の中に対しての提案だと捉えられるので、僕は「コンセプト」になっていると思います。社会現象名は**「コンセプトを取り巻く、客観的に存在する事象を概念として定義したものがトレンドキーワードである」**として捉えましょう。

第3章のまとめ

コンセプト構文

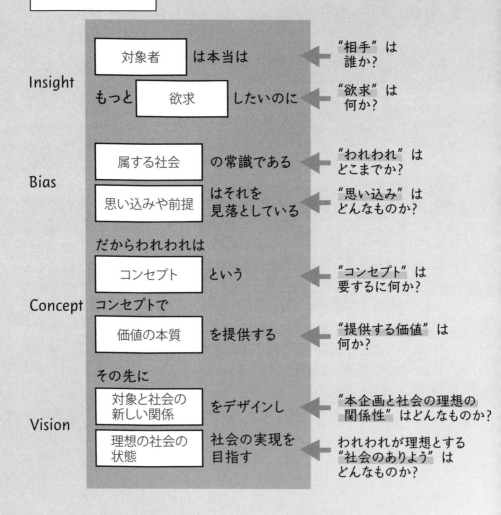

Insight	対象者 は本当は	←	"相手"は 誰か？
	もっと 欲求 したいのに	←	"欲求"は 何か？
Bias	属する社会 の常識である	←	"われわれ"は どこまでか？
	思い込みや前提 はそれを 見落としている	←	"思い込み"は どんなものか？
Concept	だからわれわれは コンセプト という	←	"コンセプト"は 要するに何か？
	コンセプトで 価値の本質 を提供する	←	"提供する価値"は 何か？
Vision	その先に 対象と社会の 新しい関係 をデザインし	←	"本企画と社会の理想の 関係性"はどんなものか？
	理想の社会の 状態 社会の実現を 目指す	←	われわれが理想とする "社会のありよう"は どんなものか？

BIV-C モデル

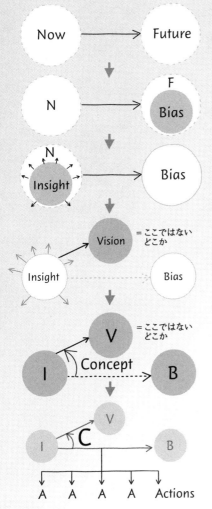

Now ⟶ Future

人間は現実を何となく「今の認知」で
捉え、これからもその認知が続く前提で
考えている

N ⟶ F Bias

しかし、その未来の見通しには
「バイアス（B）」が前提として
含まれていることに気づかない

N Insight ⟶ Bias

そんな「バイアス（B）」によって、社会も
本人も気づいていない「ここではないどこか」
を欲する別の方向に向かう「欲=インサイト（I）」
が違う角度に向かって存在している

Insight ⟶ Vision = ここではない
どこか
Bias

コンセプト（C）を考える"われわれ"が
「未来がこうなったらいいのに!」と「夢見る理想
=ビジョン（V）」と「インサイト（I）が呼応する
可能性が見つけられれば……

I Concept V = ここではない
どこか
B

「このままの現実=B」への違和感をもとに
「ここではないどこか=I→V」を見立てたとき、
そこに踏み出す羅針盤となる角度こそ
「C=コンセプト」

I C V B

コンセプト（C）によって方向づけられる「新たな
認知→尺度→決定」によって、「実際、何を行動
していくか=Actions」を決めて実行していくことで
「ここではないどこか」が具体的にどんな未来なのか
が形になっていく

A A A A Actions

- 「コンセプト（C）は「バイアス（B）」「インサイト（I）」「ビジョン（V）」の3つの元素で成り立っていて、その構造は「コンセプト構文」で整理できる。

- コンセプトとは「既存の"当たり前"が見落としてきた（B）、人々にとってまだ自覚できていない満たされていない欲求を満たし（I）、結果として理想の社会に今より近づくための（V）、提案の方向性（C）」である。

- 「バイアス（B）」とは社会や業界の持つ思い込みや前提の考え方のことで、コンセプトが「これまでの"われわれ"の常識と、どう異なるのか?」を定義するために必要である。ただし、バイアスだけでコンセプトを考えると「単なる逆張り」になってしまう。

- 「インサイト（I）」とは本人も気づいていない欲求のことで、コンセプトが企てをともなって「"相手"のどんな欲求に応えるのか」を定義するために必要である。ただし、インサイトだけでコンセプトを考えると、「自分たちがそれをやる理由」が希薄になってしまう。

- 「ビジョン（V）」とは企てが見通す理想の社会の状態のことで、コンセプトが「どんな"社会"を理想として見据えるのか?」を定義するために必要である。ただし、ビジョンだけでコンセプトを考えると想いが「空回り」する恐れが高くなってしまう。

- 「本当はこうしたいのに、世の中の思い込みはそれに気づいていない」という、バイアスとインサイトの間に起こるジレンマが、コンセプトの立脚点になる。

- 優れたコンセプトは、「作り手の思い込みを超えて」「受け手の、まだ気づいていない欲求の新しい満たし方を実現し」「結果、今より良い社会の実現に、少しだけでも近づく」ための、現状の延長線に対しての「角度」を定義できている。

- コンセプトは基本、世の中に出ない。ただ、企てをより良いものにするために「言葉」のみならず、「絵」「図」「物語」「プロダクト」など、さまざまな形状をとる。

- コンセプトには「コピー」「アイデア」「トンマナ」「ネーミング」「トレンドキーワード」などの近い概念があるが、そのどれとも異なるので、使い分ける必要がある。

第4章

コンセプトはどうやって、
見立てられるのか?

コンセプトの
見立て方

The most personal is the most creative.
最も個人的なことが最もクリエイティブなことである
― Martin Charles Scorsese ―

この章ではいよいよ
実際にコンセプトの見立てをやってみましょう。

ここまでこの本で考えてきた
コンセプトの持つ意義、効果、メカニズムを
いったん頭の片隅に置きつつ、純粋な好奇心で
人間のことを考えて考えて考えて、考えていきましょう。

コンセプトを見立てる工程は、
「ここではないどこか」とは、
どのような形で定義できるのか？
その第一発見者に自分がなれるかどうか？
という、
スリリングで、ワクワクする体験です。

これで合ってるのかなあ……
変じゃないかなあ……
間違ったやり方で効率悪くなってたら嫌だなあ……

などという、おっかなびっくりした感情は忘れて
「この見立て、すごくない!?」と、ドヤ顔をしている未来の自分を
妄想しながら、楽しんで参りましょう。

コンセプト構文を書いてみよう

■ 「作る」のではなく「見立てる」感覚で

さて、コンセプトそのものをいよいよ見立てるところまできました。この「見立てる」という表現。僕なりに意図があって、「作る」ではなく「見立てる」という表現をしているのですが、具体的な思考法に入る前に少しだけ、その理由に触れます。

かの有名な彫刻家ミケランジェロは、こんな言葉を残しています。

「どんな石の塊も内部に彫像を秘めている。それを発見するのが彫刻家の仕事だ」

つまり、自分は彫刻を「創っている」わけではなく、「すでに埋まっているものを掘り出しているだけ」と言うのです。バイアス（B）、インサイト（I）、ビジョン（V）をここまでしっかり積み重ねてきた人にとっては、コンセプトも同じように「作り出す」という感覚よりも、「そこにあるはずのものをいかに新しく、わかりやすく、見立てるか」というイメージのほうがうまくいきます。「コンセプトは角度である」と前述した通り、角度はそれ単体で存在するものではなく、B・I・Vによって織りなされるものです。

もともとコンセプトの語源は「コンシーブ（conceive）」という単語で、「身籠る」「宿る」を意味します。分解するとCon（一緒に）＋cept（取る、切り抜く）という意味でもあります。まさに、**これまで誰もそのような輪郭で切り取ってこなかった概念を、1つの塊に見立てて切り取ることが、コンセプトを見立てる感覚としては近いといえます。**

「見立てる感覚」を大事にしていただきつつ、ここまで見てきた土台の考え

方をベースに実際に書いてみる段階ですが、そのほかのいくつか前提をお伝えします。

・ここに記すやり方を「すべてやらないと出ない」わけではありません。1つ目のやり方を試したらいきなり見つかるときもあれば、何個やり方を試してもなかなか出ないときもあります。

・決まった順序の通りやればいいわけでもなく、「あーでもないこーでもない」という、試行錯誤の末に突然見えるものだと思って、あきらめて楽しみましょう。

・「1つ1つ、完璧に、丁寧に、順序立てて」ではなく、「素早く試行錯誤を繰り返し」「暫定解をその都度出しては、それを更新する」スタンスでいきましょう。

・そして、コンセプトの対象や取り巻く環境によって、見立てられるまでの難易度や経緯も毎回変わります。それはコンセプトを取り巻く変数が非常に多く複雑だからです。

・ぜひ真似してもらいつつ、「こう考えても良いってことでは？」と自ら応用・展開してみてください。

正解はない、試行錯誤しよう

　頭の中だけでこねずに、書きながら、世の中を見渡しながら、五感を使いながら、試行錯誤をしてみてください。第1章でも書いた通り、ソリューションメイクではなくセンスメイクなので、自分の体感や感性をどんどん使いましょう。ある意味、「この本の中にすべて答えが書いてある！」と思わないほうがいいです。答えはこれから、皆さんが目の前に見立てることなので、何か実際に自分がコンセプトを見立てないといけないテーマを1つ、仮に設定して、それを考えながら、ここから先は読み進めることを強くおすすめします。
　それでは、「基本となる考え方の紹介」と「具体的なヒントをいくつか紹介」

を、バイアス（B）、インサイト（I）、ビジョン（V）の3つの視点でお伝えしますね。参考にできそうなところを「つまみ食い」してもらってOKです。いろいろバラバラに取り入れてもらって、しっくりくる方法があれば、丸パクリしたり、アレンジしてさらに発展してもらえればそれでOK。頭脳作業というより、運動神経のイメージで、「感覚でつかむ」ことを目指してみてください。

　ではさっそく、考える企画を1つ決めて、まったくの思いつきでいいので、現状のコンセプト案を、「えい！」と書いてみましょう。それを「これから磨いていく素体」として、読み進めると、より考えやすいはずです。

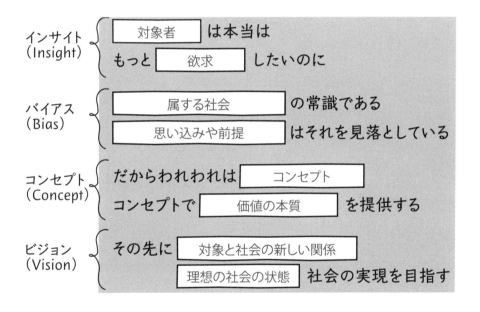

インサイト（Insight）
　対象者　は本当は
もっと　欲求　したいのに

バイアス（Bias）
　属する社会　の常識である
思い込みや前提　はそれを見落としている

コンセプト（Concept）
だからわれわれは　コンセプト
コンセプトで　価値の本質　を提供する

ビジョン（Vision）
その先に　対象と社会の新しい関係
理想の社会の状態　社会の実現を目指す

バイアスの見抜き方

🔲「誰にとっての」「どんな思い込みがあるか？」

　最初にコンセプト構文の２段目、「バイアス」から見抜いてみましょう。空欄の要素は２つ。「どの社会におけるバイアスなのか？（属する社会）」「どんなバイアスなのか？（思い込み・前提）」です。この２つをそれぞれどう見立てるのがいいでしょうか？

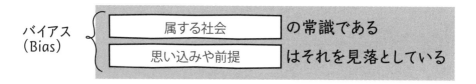

　「思い込みにとらわれるな！」と人はよく言います。けれど、「とらわれるな」と言われてとらわれないで済むなら、それは思い込みではないわけです。本当に強固なバイアスは、とらわれているという自覚がまったくないものです。なので、それを自力で打破するのは無理な話。なので、前提のスタンスとして、**バイアスは自力で解くのではなく、「バイアスを解くための外の力の使い方」をマスターすることを目指します。**

🔲「われわれ」とは、どこからどこまでを指すのか？

　１つ目の空欄では「どの社会におけるバイアスなのか」という、バイアスの主語を見定めます。言い換えれば、「みんなそう思っている」の"みんな"とは、「誰から誰までのことを指しているのか？」ということ。この価値観や社会通念

は、自分たちのどれくらいの周りまで共通のものなのか、その境界線を定義する感覚です。

たとえば「家の中では靴を脱ぐ」のは、日本という社会では共通の認知ですが、世界という社会ではそうではないですよね。「靴を脱げる自宅」というコンセプトは、日本では何の提案性もありませんが、海外ではとても新しいコンセプトになる可能性があるということです。

このようにコンセプトが機能するか否かは、「そもそもそのコンセプトで揺さぶろうとしているバイアスはどこからどこまで広がっているものか?」に大きく左右されます。なので、われわれ企画する側が陥っているバイアスは、どこからどこまでの社会における認知なのかを見定めないといけません。

⌗ バイアスを探すための視野ストレッチ3軸

たとえば「新しいカフェのコンセプトを見立てる」ことを考えてみましょう。このとき考えるべきバイアスは「どの社会における認知」でしょうか?

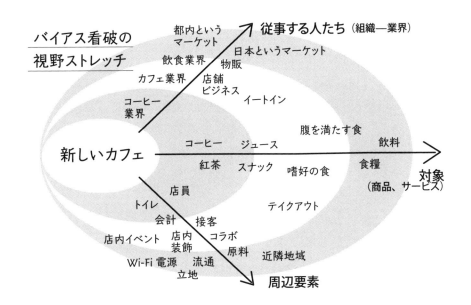

扱う商品やサービス、企業などの「コンセプトの対象の事物」を1つ目の軸に考えます。真っ先に「コーヒーという飲み物におけるバイアス」という、メイン商品にまつわる人々の認知は浮かびますよね。そこからストレッチすると、「紅茶はどうか？」「ジュースも出すかもしれない」「軽食も出したい」など、周辺の要素も出てきます。さらに、それを抽象化していくと、「イートインという形式におけるバイアスとは？」「テイクアウトはこうあるべきというバイアスもあるかもしれない」など、カフェという対象を構成する形式や価値観にも半径は及んでいきます。究極まで抽象化すれば、「そもそも、人が飲み物に対して抱いている思い込みって、何かないのだろうか？」という問いまで広げて考えることだって全然あり得ます。

2つ目の軸は「従事する人たち」という軸です。カフェの例でいうなら真っ先に浮かぶのは「カフェ業界」という社会です。でもこれだけで止まらずに、同じようにストレッチをかけて探索をしてみましょう。カフェ業態だけでないコーヒー産業全体を見渡した「コーヒー業界」という捉え方も考えるべきでしょう。さらに「店舗ビジネス」「都心ビジネス」といった、ビジネスの形状におけるバイアスも絶対にたくさん隠れているはずです。「日本というマーケット」「若年層マーケット」という、市場という社会で区切って考えても、実はたくさんバイアスがあるはずです。レンズを後ろに引くところまで引くと、「日本という国でビジネスをする」ということにおけるバイアスも、きっとあるはずですよね。

3つ目の軸が「周辺要素」という軸です。カフェは「店員の接客態度」「制服」「店内照明」「Wi-Fiや電源などの作業環境」「トイレ」「装飾」「店内イベント」など、商品であるコーヒー以外にもさまざまな周辺要素で構成されています。さらに視野を広げると「周辺の住民との交流」「原料調達」「他業態とのコラボ」なども見えてきます。

このように、「カフェのバイアスは、コーヒーだけから探さなければダメ！」ということはないのです。感覚としては、コンセプトの対象を構成する「ハッシュタグ」をさまざまな方向、位相にできるだけ書き出してみる感じです。そうすると、同じように「新しいカフェ」を考えている人たちが、「まだそのハッシュタグでバイアスを見つけてそこからコンセプトを考えていない」

という変数が見つかる可能性が上がります。第2章で紹介した「友達がやってるカフェ」も、「店員の接客テンション」という、あまりほかのカフェがいじろうとしてきていない変数を、大胆にいじったコンセプトといえるでしょう。その可能性に気づくためにはまず、「お客様への接客界隈」という社会が存在するということに、この3軸ストレッチで気づく必要があるのです。

▣ 「歴史思考」で変遷を把握する

広げた「バイアスの半径」に対して、さらに「それはいつからそうなのか？」「その前は違う常識だったのか？」「これからもずっと変わらないのか？」といった、時間軸での思考を加えると、より効果的にバイアスを見抜ける確率が上がります。

たとえば、「専業主婦」という言葉。さも当たり前の家庭運営のコンセプトのように思っている人もまだまだ多いかもしれませんが、日本に入ってきたのは1950年代。1920年にイギリスで起こった工業化によって、工場の生産労働に男性が長時間従事するようになったことを受け、家庭のことを女性が担うという役割分担が固定化したことが起源といわれています。戦後、テレビドラマなどで欧米の文化が急激に流入し、日本でもそのスタイルが定着していったといわれています。この事実を知るだけでも、「人間の普遍の法則」のように思えていたことが、実は「たかだか数十年の歴史しかない」ということに気づくことができます。

虎屋も、ある土地で新規出店や催事を行なうときはまず郷土資料館に赴き、その土地の食の歴史について調べるそうです。「その土地における食社会の、どこに本質があり、どこにバイアスを超えた新しい提案が可能か？」を、歴史を見ることで思考できるからではないでしょうか。

B・I・Vの3軸ストレッチで出したさまざまな要素のそれぞれに

「いつからそのような考え方が主流になったのか？」
「それ以前は、どのような考え方が主流だったのか？　亜流にはどんな考えがあ

ったのか？」

「これから、どのようになっていくという説が主流なのか？」

という、過去〜現在〜未来の時間軸で事実を調べてみましょう。そうすると、自分の思い込みが思いもよらないところに見つけられるかもしれません。

　このときに大事なのは、単なる「ファクトのリサーチ」で終わらずに、「そのときの人々の認知はどうだったのか？」という、**「認知のありようの変遷」**に思いを馳せることです。

　たとえば、「日本で茶屋がコーヒーを出すようになったのは、文明開化の1870年代だった」という事実に対して、**当時の人たちにとって、その事実はどういう“認知”で受け止められていたのだろうか？」**を考えてみる。社会はどう反応したのか？　新聞記事にはどのような書かれ方をしたのか？　当時の小説にはどのような描かれ方で登場してくるのか？

　当時の認知のありようを知る術は、「人が他者にその事実をどう伝えていたのか？」を調べれば、ある程度仮説化することが可能です。バイアスは人の認知の中の現象なので、単に客観的な事実を調べるだけでは見つけられません。「それを人はどう見て、感じて、受け止めていたのか？」を、ぜひ調べ、想像してみるクセをつけてみてください。

🏳 未来予測は、「当てるため」ではなく「裏をかくため」

　時間軸の最後の「未来」だけは、調べるだけでは限界があります。それもそのはず、誰もどうなるかわからないからです。なので、ここも「未来はこれからどうなっていくのか？」という“事実の占い”として行なうのではなく、先述の通り**「これから、どのようになっていくという説が主流なのか？」**という、“未来の認知の主流”を考えるために行ないます。

　僕は「未来予測」自体にバイアスの発見はないと思っています。なぜなら「未来予測」とは、大方の人たちが考え納得している未来の予測にすぎないからです。言い換えるなら、**「意外な発見のために考えられたもの」**ではなく、「大

外ししたくない思いで考えられたもの」ともいえます。ただ、バイアスはそもそもみんなが右だと思い込んでいることに対して「誰も気づいてないけれど、左の可能性もあるよね？」という“裏をかく”ために探すものです。なので、未来予測そのものからバイアスは見つかりませんが、**「未来予測を土台にして、その裏をかく」ことで、「そうじゃないもう1つの未来」につながるバイアスが見つかるかもしれないということ**になります。

　BIV-Cモデルで考えるなら「バイアス（B）のまま進んだ場合の未来」を一度知っておくための未来予測であり、「そうじゃない未来」をコンセプト（C）で提示するために、角度をつけるための基準の直線を把握するためのアプローチという整理になります。

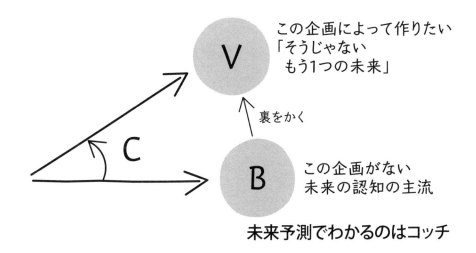

この企画によって作りたい
「そうじゃない
　もう1つの未来」

裏をかく

この企画がない
未来の認知の主流

未来予測でわかるのはコッチ

　未来予測を頼る人の中には少なからず、まるでドラえもんのように「未来はすでに決まっていて、それを見ることができれば宝くじの当選番号がわかる」と思い込んでいる人がいます。しかし現実は、未来は現時点ではまったくどうなるか決まっていません。なので、あくまでも現時点で語られる未来予測は「ファクト」ではなく「認知」にすぎないのです。であれば、その認知の裏をかくことも可能というわけです。

「パーソナルコンピュータ」というコンセプトの生みの親であるアラン・ケイは「未来を予測する最善の方法は、それを発明することだ」という名言（元々は物理学者ガーボル・デーネシュの言葉）を残しています。1971年、彼が所属していたパロアルト研究所で、研究内容の将来予測を再三にわたって求めるゼロックス本社に対する、彼らしい回答ですね。予測だけではコンセプトは生まれませんが、「その予測の裏をかくことでコンセプトは見つかるかもしれない」とはいえる。彼はその言葉の続きとして、「未来はただそこにあるのではない。未来はわれわれが決めるものであり、宇宙の既知の法則に違反しない範囲で望んだ方向に向かわせることができる」とも言っています。ぜひ、宝くじの当たりナンバーを覗き見ようとするのではなく、宝くじより人をハッピーにするコンセプトを自分で作っちゃうメンタリティで見立てていきたいですね。

⍾ バイアスは「内と外の境界」で見つかる

　次に２つ目の空欄に、実際の「思い込みの内容」を書いていきます。ここまでの思考ですでに見つかっているかもしれませんが、さらに意識していただきたいことの１つに、**「内と外」の境界線を探る**ということがあります。

　先ほど歴史思考で挙げた例は、「今＝内」と「そうなる前＝外」の境界線を探ることでバイアスに気づくアプローチといえます。これは時間軸における境界線です。概念にシルエットの線を引く感覚を想像してみてください。線は自分だけでは引けず、「自分と、自分ではないものを、隔てるもの」として引かれるものです。
　自分の思い込みに気づくためには、「自分ではない人の思い込みと触れたときに見える境界線」に気づく必要があるということです。冒頭に書いた「自分だけでバイアスを見抜くのは至難の業である」という理由がまさにこれで、自分が内だろうが外だろうが、「そうではない存在」を自分の相手として持ってこないと、境界線に気づけないから何です。

　時間軸以外の「内と外の境界線」は、「専門家と素人」「現地の人と海外の

人」「新卒入社社員と、転職入社社員」など、いくつも存在します。新しい価値を生み出す人の例として「よそもの、若者、馬鹿者」という言葉もありますが、あれもまさに自分たち「内側」の思い込みに、いい意味で遠慮なく異質な考えを投げ込んでくれるから。

　僕自身、若者の研究を長年やっているのは、若者本人のことを知りたいということはもちろんながら、若者の考え方を知ることによって、「世の中のバイアスに気づくきっかけ」を得ることが実は大きな動機になっています。

　ストレッチで広げたさまざまな「社会」のそれぞれに対して、**「自分は内側にいるのか外側にいるのか?」「だとしたら、その反対側にどんな異なる"当たり前"が広がっているのか?」を、ぜひ考えてみましょう。**そしてもし、外側にいるのだとしたら、いきなり「内側のことを調べよう」とせずに、まっさらな今の状態で「その社会にどんな違和感や疑問があるのか」をぜひメモしておきましょう。

　人はいったん何かを知ってしまうと二度と「それを知らなかった頃の自分」には戻れません。いきなりネットサーフィンをしたり、関連書籍を読み込んだりする前に、「まずまっさらにどう感じるのか?」「そこからコンセプトを仮に考えるとどんなアイデアになるのか?」——最初に「いきなり考えてみる」ことをおすすめします。

　世界の傑出した論文の8割は、その学問領域を専門としていない学者から生み出されているというデータもあります。良いコンセプトを生み出すために必要な態度は、「内側を知り尽くすこと」だけでなく、「内と外を行き来しながら、そこに見えてくる常識を超越すること」にあるのです。

🔖 バイアスを見抜くためのヒント

1. バイアス言葉をキャッチしよう

　人の認知に存在する、本人も自覚していない「内と外」を見つけるうえで、言葉は非常にヒントになります。僕がいつもアンテナを張っている言葉たちの一例をご紹介します。

「普通、○○」

「みんな、○○」

「普段、○○」

「一般的には○○」

「○○すべき」

「○○せねばならない」

「○○というもんだ」

「○○に決まっている」

「そんなの○○じゃない」

「○○なんて無理だ」

　いかがでしょうか？　共通しているのは、発言に入っている概念・考え方の「外側」の存在を忘れてしまっているということです。「そうじゃないほうもあるのではないか？」という考えが、お留守になっているわけです。もしこのような発言が出たら、

「どうしてそう思うのか、詳しく聞かせてもらう」

「その表現を使った人が対象のことをどう認知していて、どんな尺度で良し悪し
　を測っているのかを慮る」

「その人が"眉を潜めそうな企画"をあえて考えてみる」

と、自覚されていない"外側の考え方"が想像できるようになるかもしれません。第3章で触れた「電波少年」の企画当初のエピソードもまさに、当時のテレビに従事する多くの人が"眉をひそめるような企画"でした。

　ソニー、ATカーニー、電通など、さまざまな立場・領域でコンセプトを多く生み出してきた先輩プランナーである牛久保暖さんも、クライアントから提示されるオリエン資料は、内容を理解するだけではなく、「オリエン資料を書いた担当者は、"この課題をどう捉えているか？""何を前提にこれを書いたか？"を推しはかる」ことが大事だと言っています。

　これは「クライアント」を「上司の」「アンケートに回答した人の」「同僚の」「業界の一般論の」と置き換えても成り立ちます。行動やファクトだけでなく、その背景にどんな「認知」があるのかを読む。そのために、まずは言葉に注

目してみてください。また、自分が捕まえたバイアス言葉や、そこから感じた違和感はぜひ「違和感メモ」としてどこかに書き溜めておきましょう。人間はすぐに「内側」に順応してその違和感に馴れてしまいます。違和感はファーストコンタクトが命だと思って、日頃から「違和感」を溜めておくようにすると、バイアスを探すときにゼロから考えずに済むので、効率も上がるはずです。

2.「非」をつけて、"じゃないほう"から物事を見る
「内と外の境界線」に気づくテクニックとして、社会のストレッチで出ていた単語に「非」をつけてみるのも有効です。

　　車業界の話だったら「非車業界」
　　日本人だったら「非日本人」
　　大人だったら「非大人」

==「みんなこう考えるよね」の「みんな」に、「非」をつけて、その外側にいる人のことを強制的に発想する方法==です。実はこの発想法は、効率優先の思考では出てこない発想で、なぜなら一時的に「関係ないことを考える」ことをやるからです。

　　車の企画を考えているのに、車ではないことを考える。
　　日本人がターゲットの企画なのに、日本人以外がどう感じているかを考える。
　　大人向けのコンテンツなのに、子どもがどう思うのか考える。

　これは「関係ないことは考えたくない」という最短ルート思考の人にはとれない考え方で、マーケティング発想やソリューション発想ではなかなか出てこないはずです。僕もいろいろなビジネスの場で見てきましたが、これを意図的にできる人は決して多くない。「関係のあること＝内側」だけを考えるのではなく、「関係があると思っていることと、ないと思っていることの境界線はどこにあるのか？」——そんな、創造的寄り道を、しかし限られた時間内でいかに意図的に行なえるかがバイアスを見抜くうえでは大事になります。ぜひ「非をつける」思考で、外側に思いを馳せてみてください。

3. 自分の中に多様性を持つ

　南米を１人旅したとき、ビクトールさんというガイドにボリビアを案内してもらって、空港で別れの言葉を交わす際に「今度は日本に遊びに来てよ。そしたら案内をするよ！」と良かれと思って言ったのですが、複雑そうな顔をした彼は「いやあ、僕の年収だと、日本に行くのは難しいんだ」と言われてしまったことを、僕は戒め込みでずっと忘れません。

　このような自分がまったく想定していなかった反応や状況が世の中にはたくさんあり得るという、いわばショックのような体験は、バイアスに自覚的であるためにとても大事です。ボリビアでビクトールさんと会話したような、自分の外側に自ら飛び出して何かしらの「異なる認知」に触れることが、自分の中の考え方の多様性を生み出すと僕は思います。

　人は30代半ばを超えるとそれまで聞いてこなかった新しい音楽ジャンルの開拓を急激にしなくなるというデータがあります。自分の価値観の「内側」で充足されているほうが、びっくりする必要もないし、ハズレを引いてがっかりすることも避けられます。
　だからこそ自然に身を任せるだけでなく、たまには意識的に自分の「外側」に飛び出して異質な当たり前に触れてショックを受けることで、自分の中の価値観の多様性を保つように心がけないといけないということでしょう。立命館アジア太平洋大学学長の出口治明さんが社会人に必要な教養は「人・本・旅」から生まれると説いているのも、まさに自分の外側に触れてショックを受けることで、バイアスを揺さぶることを言っていると感じます。

　これは何も、ものすごい負荷をかけて柄にもないことをやることだけを指しているわけではないです。僕は、唐突にフルマラソンに誘われて参加したり、子どもが産まれて育休を２回に分けて取得したり、目の前に起こる状況に前向きに巻き込まれた経験から、多くの異質な考え方に触れられた実感があります。特に育児の大変さはやる前の想像をはるかに超えていて、それまで読めていた本が読めなくなったり、映画館に行けなくなったりしました。
　そんな状況に対して「自分は全然最近インプットができていない」と焦った時期もありましたが、その反面、レゴランドにもキッザニアにも入れるようになったわけです。「外出先で、ふざける子どもを落ち着かせながらおむ

つを替える大変さ」も「これまで何百回と使ってきた駅のバリアフリールートがものすごく複雑であること」も、子育てをしなかったら気づけなかった「自分にとっての新しい認知」であり、新しい環世界を獲得できた経験でした。

　自分が自分に対して知らず知らずのうちに課している、**「自分と社会のかかわり方はこうあるべきだ」**という思い込みを、**状況に巻き込まれることで半強制的に揺さぶること**は、バイアス発見体質になるためには重要です。

　みんなが「読んでいる」「知っている」「見ている」ものがインプットできていないということに焦る気持ちは誰しも多かれ少なかれ抱いてしまうものです。でも、そっちばかり見るのではなく、自分の人生や経験の中にある、マイノリティだった体験や、その境遇でしか見えない認知をないがしろにせずに大事にする。そのときに感じた違和感を忘れずに覚えておく。そんな、自分の中の多様性を意識することも、バイアスを見抜くヒントになると僕は考えます。

　いくつかの「これはバイアスかもしれない」という仮説が出た状態で、次のインサイトに行きましょう。なぜならバイアス（B）とインサイト（I）は「対になって初めてブレイクスルーが見つかる」ものなので、単体で評価・選定することが難しいからです。それぞれのバイアスの向こう側に、「そのせいで見落とされていた、人々の隠れた欲求」がどんな形であるのか、次に考えていきます。

バイアスの見抜き方

1. "われわれ"の捉え方
    - ・社会半径のストレッチ
    - ・時間軸での思考

2. "思い込み"の見抜き方
    - ・「内と外」の境界線を探す
    - ・「知らない」力を活かす

ヒント
①バイアス言葉をキャッチする
②「非」をつけて発想する
③自分の中の多様性
↓
逆転の発想の起点になる
バイアスを見抜く

インサイトの見つけ方

☐ 「企画の相手にとっての」「本当の欲求は何か?」

次にコンセプト構文の1段目、「インサイト」から見つけにいきます。空欄の要素は「インサイトの持ち主は誰か?」「インサイトは何か?」です。この2つをそれぞれどう見つけていけばいいでしょうか?

要素は2つ「この企画は誰のための企画なのか?(相手)」「対象者が抱いている隠れた欲は何か?(欲求)」。この2つをそれぞれどう見立てるかです。まずはシンプルに自分の考えている企画が「誰の、どんな欲に応える企画」なのか? 初動の仮説を文章にしてから、この先を読み進めてください。

☐ この企画の相手とは、何者なのか?

1つ目の空欄は「相手は誰なのか?」という、インサイトの主語を見定めます。一般的にマーケティングの世界でいわれる「ターゲット」という言葉がイメージさせる、「20代女性」のようなデモグラフィックな捉え方で終わらずに、ここでも概念のストレッチをかけて捉え方を広げてみることで、表層的な捉え方ではつかむことのできないインサイトを捕まえる「とっかかり」を探し

ていきます。

🔖 インサイトを探すための視野ストレッチ3軸

　バイアスのときと同じく、インサイトを見つけるハッシュタグを3軸スト
レッチで広げていきます。ここで間違えてはいけないのは、たとえば「20代
女性だけじゃなくて、20代男性も含めて考えよう！」というような、「対象
そのものを増やす」という意味ではないということ。そうではなくて、あく
までも今仮で設定している対象の人の種類は増やさずに、「その人の捉え方」
を多面的にしていくというイメージです。

　20代女性は、「ドルオタ」かもしれないし、「地元の祭りの実行委員」かも
しれないし、「今年の新人育成に悩むメンター」かもしれない。同じ人物の
中に多様な捉え方を見出すことが、あなたが扱う商品やサービスと接してい
るときのことしか考えられない視野をストレッチしてくれます。

　「新しいカフェのコンセプト」の例の続きで考えてみます。いったん、この
企画の相手を「コーヒー好きな人」と置いてみて、「その人のインサイトは
何か？」を考えてみるモードで読んでください。「その人のコーヒーに対し
ての現状のインサイトは何か？」という問いがまず浮かびますね。ではそれ
以外のインサイトの問いをストレッチで出すとどうなるでしょうか？

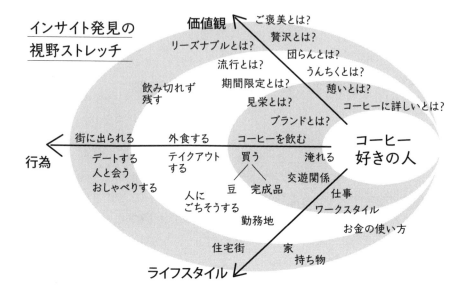

インサイト発見の
視野ストレッチ

価値観

ご褒美とは?
贅沢とは?
リーズナブルとは?
団らんとは?
流行とは?
うんちくとは?
期間限定とは?
憩いとは?
飲み切れず
残す
見栄とは?
コーヒーに詳しいとは?
ブランドとは?

行為
街に出られる　外食する　コーヒーを飲む
コーヒー
好きの人
デートする　テイクアウト　買う
淹れる
人と会う　する
交遊関係
おしゃべりする
豆　完成品
仕事
人に
ワークスタイル
ごちそうする
お金の使い方
勤務地
住宅街　家
持ち物
ライフスタイル

まず、あなたが扱う企画で、**その人が行なう一連の「行為」を軸に広げてみます。** コーヒーを「飲む」という動詞の瞬間だけでなく、「買う」「店に入る」「テイクアウトする」「店内ですごす」など、実は無数の小さな動詞を、相手に求める企画であることがわかってきます。それぞれの動詞が表す行為に、どんなインサイトがあるか考えてみると

「入店した瞬間に冷房が効きすぎだと感じると、退店したくなるかも」
「朝は急いでいるので、前の人が会計にもたもたしているとイライラしてしまう」
「アレンジメニューやサイズの名称がイタリア語で難しくて、並んでいるときに若
　干緊張してしまう」

など、さまざまな感情がうごめいていることに気づきます。

　さらに広げると、「豆を買って家でも焙煎する」「飲み切れなかった分を店外でどこかに捨てる」というような、自分の企画の周辺の動詞も見えてきます。さらに抽象化して考えると、そもそもその人にとって「外食とは何か？」「人とカフェに入るという行為はどんな欲求を満たす行為なのか？」「街に出かけることの意味はコロナでどう変わったのか？」といった、企画の周辺と密接に関係がある人の欲求への想像力につながっていきます。

2つ目の軸は「価値観」です。

　たとえば、「このカフェではちょっと贅沢な気分を味わってほしい」とあなたが考えたとします。では、その人にとって「贅沢という価値観」は何なのでしょうか？　現状はどのように満たしているんでしょうか？　それでは満たし切れていない欲はどんな欲で、今はどう我慢されているんでしょうか？　あなたがその企画で、相手に感じてほしい価値の正体を、このような感じで解像度を上げて理解しようとしてみてください。

　さらにストレッチをかけていくことで、「憩いとは？」「団らんとは？」「リラックスとは？」といった、近くに漂っている価値観もインサイトを探す入り口として出てくるはずです。あるいは「コーヒーに対しての知識も感じてほしい！」と企画の価値を増やした場合は、相手にとって「うんちくを語れることの価値は？」「見栄とは？」「ブランドとは？」「流行とは？」という

広がりも見えてくるかもしれません。とにかく、あなたの企画は、相手のどんな価値観と関係する可能性があるのか？　広げて考えてみましょう。

3つ目の軸は「ライフスタイル」の軸です。

「価値観」の軸との違いがわかりにくいかもしれませんが、価値観は感情の話であるのに対し、ライフスタイルは実態の話であるという違いです。相手があなたの企画と関係している時間だけを見るのではなく、そもそも相手の人はどんなライフスタイルを送っているのかも想像してみてください。

仕事、交友関係、お金の使い方、持ち物、住んでいる街……無数の変数があるはずです。ただし、コンセプトを作る過程で行ないたいことはそれらのライフスタイルの「実態を正確に把握すること」ではなく、「想像力の半径を広げて、思いもよらない仮説を見つけること」です。

ですので、「本当にそうかどうかわからないじゃないか」と、立ち止まってしまうのではなく、「そういう観点がある」「そしてその観点から想像力を働かせないと、見つけられないインサイトがあるかもしれない」ということに意識を広げられればOK。「正確性」ではなく「可能性に対しての想像力」でOKです。

このように、「コーヒー好きの人のインサイトは、コーヒーだけからしか探さなければダメ！」ということはないのです。相手のことを多面的に捉えることで、まだ本人も自覚できていないインサイトを見つける。こうすることによって、「20代女性」のような、社会記号に向けてコンセプトを作ってしまうことを避けることもできます。「女性ってこうだよね」「若者ってもっとこうあるべき」といった人に対するバイアスが、その人のインサイトを見えなくしていることは世の中、たくさんあるはずです。

社会記号で相手のことを考えるのではなく、「その人そのもの」として向き合う。そこに想像力を持つ。そのための準備体操として、3軸ストレッチは有効です。「実際に存在するその人そのものに触れて考える」ことは、このあとの工程でやります。

⌗ インサイトにも「歴史思考」を

次に、バイアスを見抜いたときと同じように**時間軸でさらに深く考えていきます**。3軸ストレッチで広げたインサイトの入り口から見える欲求が、「昔からそういう欲求はあったのか？」「新たに生まれたものだとしたら、何がきっかけだったのか？」「欲求自体はあったけれど満たし方が変わったのでは？」など、欲求とその満たされ方の変遷について考えてみるといろいろな発見があるはずです。

　ここで目指したい一番の発見は、「時代のインサイト」です。
「今からちょっと未来のこれからの社会は、どういう気分の時代なのか？」を捉えることができると、コンセプトが持つべき佇まいや、提案の前提がわかります。若者研究をしてきたこともあり、僕も割とこの「時代のインサイト」を見つける作業を多く手がけてきましたが、たとえば「おひとりさま」「リア充」「界隈消費」のように、人々の欲求の変化に名前をつけてみる感覚で考えてみるとよいと思います。ここは正確性を求めると何も言えなくなってしまうので、あくまでも「どのように見立てるか」だと思いましょう。

スターバックスが日本に初上陸した1996年も、振り返ると「援助交際」という言葉が流行語大賞にノミネートされ、携帯電話やPHSが急激に普及し、平成不況は長引き常態化していた時期でした。それまでの、職場と家庭の2通りの居場所がどんどん難しく、わからなくなっていく真っ只中だったとも言えます。同年のアトランタ五輪のマラソン銅メダリスト有森裕子さんの「自分で自分をほめたい」という言葉を、自分にも投げかけたいと思った人もいたかもしれません。そんな中で、家でも職場でもない第三の居場所を提案したスターバックスは、1人1人のお客様に支持されたことはもちろんながら、**「時代の気分に受け入れられた」**ともいえるのではないでしょうか。

「自分の企画は、そんなにマスに向けたものじゃないから、時代の気分は関係ない」と思う人もいるかもしれませんが、そんなあなたが相手にする1人の人は、間違いなく今の時代の気分を吸って生きている人なのです。それをつかんでおくことは、コンセプトを見立てるときに生きてくるはずです。

🔲 本人も自覚していない「隠れた欲求」は何か？

　次に2つ目の空欄の中身である「相手の人が抱いている、隠れた欲求は何か？」を実際に仮説化していきます。おもちゃクリエイターの高橋晋平さんは、「コンセプトとは、いつどこで誰の欲求を満たすのかの定義である」とまで言い切っています。僕もその通りだと思いますし、それくらい、ここの「欲求を捉える」ところは、コンセプトを見立てるうえで重要です。

　いきなりマッチョなステップで恐縮ですが、「まずは書く」。「こういうことなんじゃないか？」という仮説を広げてみるところがスタートです。3軸ストレッチで広げた、相手の人を取り巻く多面的な要素を見渡しながら、「本当はもっとこうしたいのでは？」「こういうことに不満や苛立ちを抱えているのでは？」と思いを馳せながら書き出してみましょう。

　このときに、特に 「感情の振れ幅が大きそうなハッシュタグ」 を起点に考えてみるとわかりやすいかもしれません。すごく楽しみにしていること。不安に感じていること。我慢しながらやりすごしてしまっていること。慣れてしまって忘れているけれど最初はすごくイヤだったことなどなど……ストレッチで広げたさまざまな瞬間を見渡して、それを探ります。

　カフェの例でいうなら「このカフェで、贅沢な気分を味わってほしい」という仮説を起点に、「この人にとっての"価値のある贅沢な気分"とは何か？」を考えていきます。「今はその気分を何で満たしているのか？」、もう少し解像度を上げて言い換えると「"贅沢な気分"って具体的にはどんなことを指すの？」「それはほかの欲よりもその人にとって満たすべき優先順位は高いの？」「どんなときに満たすと一番うれしいし抵抗感がないの？」など、書き出したことから、想像力をどんな方角に働かせれば、相手の人の欲求をよりクリアに捉えることができるか、噛み砕いていくイメージです。

⌐ 「ほかのものじゃダメなのか?」から、解像度は上がる

解像度を上げていくときに有効な自問自答が、**「ほかのものじゃダメなのか?」という視点**です。これからあなたが提案するコンセプトは、相手の人生に新しく割り込んで入っていかないといけません。「今のもので十分ですけど……」と言われてしまったら、取り入れてもらえません。コンセプトで捉えようとしているインサイトが「今、何で充足されているのか?」「それで充足することに感じている不満や、満足ではない感覚は何か?」を考えることで、あなたが、自分が考えるコンセプトで乗り越えないといけない、価値のハードルを理解することができます。

有名なアメリカンジョークとして、20世紀中頃の宇宙開発競争のときに「宇宙でも記録ができるように、無重力で使えるボールペンを開発しよう!」とアメリカがんばっていた最中、ソ連は「えっ、鉛筆でいいじゃん?」の一言で物事を片づけてしまったという話があります。あなたのコンセプトも、「鉛筆でいいじゃん」にやられないように、インサイトが今、何で充足されているのかを考えることを経て、さらに深い欲求の理解に進んでみてください。

⌐ インサイトの尻尾は現場で捕まえる

ここまでできたら、並行して「現場」に行ってみましょう。カフェの企画ならカフェやそれを取り巻く周辺の道や街並みへ。アイドルの企画ならライブハウスやグッズショップへ。ゲームの企画なら、オンライン上のプレーヤーコミュニティへ。「相手」の人たちがそれをしている現場を実際に見に行くことで、仮説の正しさを確信できることもあれば、否定されて新たな仮説が見つかることもあります。

フィールドリサーチの手法についてはこの本ではそこまで詳しくは触れませんが、1つだけ大事なスタンスをお話しするなら、「本人に答えを聞いてはダメ」ということです。

恋人に「プレゼントに何が欲しいか？」を聞いてみたことがある人は一度は経験したことがある「何でもいいよ問題」。「何でもいい」と言いつつも、実際に何でもいいということはほぼないため「だまされるな！」という例のアレです。「欲しいものを言わせないで察してほしい」というインサイトかもしれないですし、そのときは「本当に何でもいい」と思っていたけれど、実物を目の前にして「これじゃない」と思ってしまったというインサイトかもしれません。何であれ、重要なポイントは**「本人が自分のインサイトを正確に言語化できると思ってはいけない」ということ**です。

　20世紀を代表する文化人類学者の1人であるマーガレット・ミード博士は、次の言葉を残しています。

What people say,
What people do and
What they say they do
are entirely different.
「人々が言うこと」、
「人々が行なうこと」、そして
「彼らが行なうと言っていること」
は完全に異なります。

　だからこそ観察が大切なのですが、何のとっかかりもなく観察をするのも、忙しい日々ではなかなか難しい。そのために、3軸ストレッチで広げた相手のインサイトを理解するための「とっかかり」を参考に、観察ポイントを見立てたうえでフィールドワークに出向くのが現実的だと思います。本人に答えを言わせにいくのではなく、本人も自覚できていない欲求を見つけに観察を行なうつもりで、ぜひフィールドに行ってみてください。

🏷 インサイトを見つけるためのヒント

1.名詞ではなく、動詞で考える

当然ながらインサイトは人の欲求なので、「もの」ではなく、「人間」の話として考える必要があります。なので、「コーヒーのインサイト」という発想で考えるのではなく、「コーヒーを飲む」「コーヒーを買う」「コーヒーをテイクアウトする」「コーヒーを家で淹れる」のような、**動詞をともなった文章で考えるべきです。**あなたがインサイトを探るうえで考えるべきことは認知に関することです。動詞で考えることで、「人間の認知」の話をしているというモードを忘れずにいられます。

2. 自分だけのレンズに磨きをかけ続ける

　インサイトは人間と時代のことを考えることでしか見つけられませんが、このように定義すると、どれだけ考えても十分にならない、途方もない気分になってしまうかもしれません。おすすめは、自分だけの「レンズ」を持つこと。

　僕の元同僚にアイドルが大好きな人がいて、どんな議論をしていても、「あーそれ、アイドル界で今まさに起こっている変化とも合致してます」とか、「昭和から平成に移行するとき、アイドル業界でも大きな変革があったんですよ」とか、何でもアイドル話にたとえます。いわば、「アイドル史」に精通しているので、アイドルというのぞき穴から、時代の気分やその先にある1人1人の人間の欲求の仮説を考え出すことができてしまう。

　何か1つでいいので、**時代や社会の機微を高精細に捉えられるものすごく性能の良いレンズを磨き込んでおく。**そのテーマが何かしらの人間の欲求の写し鏡であれば、レンズとして機能するはずです。ラーメンでも、都市論でも、ゲームでも、旅行でも、ペットでも、人間の欲求が大きく動く対象である何かを、レンズとして持っておくことをおすすめします。

　どんなことでもかまいません。自分が飽きずに社会を見られるレンズを決めて、そこから社会を覗き見続けることで、時代の変遷を感じ取る。ただ読んだり聞いたりするだけではなく、**「変化」を語れることを意識する**と、さらに価値が上がります。

　さらに踏み込むなら、レンズで捉える物事の「観方」をいくつか決めておくとさらに解像度は上がります。僕の場合は「若者史」というレンズを長年

磨いてきましたが、そのレンズでどのように若者を観るかという観方をいくつか決めています。「お金観」「友人観」「SNS観」「時間観」「アイデンティティ観」などが主要な"観"です。正解はないので、自分の好奇心がよりナチュラルに駆動する"観"をいくつか意識しておくと、漫然とレンズで社会を見るだけではなく、フォーカスが決まった時代観察が可能になります。

　　アイドル史にみる、若者の自己実現観
　　ラーメン史にみる、日本人の食欲観
　　アニメ映画史にみる、日本人の恋愛観

などなど、何でもよいので、**自分が好きで好きで努力せずともつい考えてしまったりする「史」と「観」のレンズを持っておくと、インサイトを見つける土台の素養は格段に上がるはずです。**

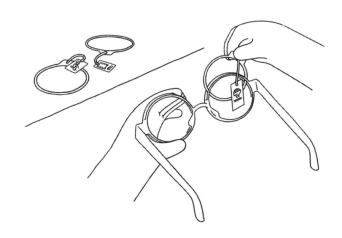

3. 他者のレンズを借りてみる

　僕は「マツコの知らない世界」や「激レアさんを連れてきた」など、エクストリームな方が出てくるテレビ番組が好きでよく見るのですが、これは「他者が磨き上げたレンズを借りて」世の中を見る疑似体験をさせていただいているんだなあと最近気づきました。自分1人の人生の持ち時間と好奇心の量は限られているので、何でもかんでも詳しくなることには限界があります。だからこそ、**「ほかの人が持っているレンズを借りる」発想はとても大事です。**

テレビ以外でも、SNSのアカウントをフォローしたり、ポッドキャストでお気に入りの番組をフォローしたり、あるいは友人知人が持っている趣味の一面に興味を持ったり、方法はいろいろあります。

レンズの持ち主を知っていることと、その人が持っているレンズから見える世界にピュアな好奇心を持てることの2つが重要です。この発想も、多数派の意見を最短距離でつかみに行こうとするマスマーケティングのリサーチでは、無意識のうちに排除されがちです。「そんな少数意見を聞いても、マーケットボリューム的にビジネスにならないだろう」と。

コンセプトを発想するプロセスでこの「ボリューム論」を持ち出すと間違った方向に思考が行ってしまうのは、この通り、**"人と違う発想を生み出そうとするプロセスに、人と同じ発想に行ってしまうプロセスを混ぜる"**ことから起こります。**いかに「人が思いつかないことを思いつくか」「人が思いついていることの裏をかくのか」という、コンセプト思考の大前提**を忘れないようにしましょう。

一見無関係に見える3つ以上の点が、同じインサイト仮説の線で結ばれて、まるで星座のように新しい意味を醸し出すことがあります。それが「時代の気分をつかむ」ということの言い換えでもあると僕は思います。自分のレンズを磨き込み、それをギブ&テイクのように差し出しながら他者のレンズを貸してもらう。ぜひ自分なりのレンズのラインナップを作って、複眼で時代と人々を見られる体質を目指してみてください。

インサイトの見つけ方

1. **"相手"の捉え方**
   ・相手の概念のストレッチ
   ・時間軸での思考

2. **"欲求"の捉え方**
   ・「ほかのものじゃだめなのか?」
   ・フィールドに出向く

ヒント
①動詞で考える
②自分だけのレンズを磨く
③他者のレンズを借りる
↓
**新しくて具体的な
インサイトを見つける**

⬛ バイアス（B）とインサイト（I）の間に 「ジレンマ」を探そう

　さて、これでバイアス（B）とインサイト（I）の仮説がたくさんテーブルに並べられている状態まできました。その2つがそれぞれ「ジレンマの関係性」になっているペアを、仮説を見渡しながらガチャガチャと、組み合わせを試しながら探してみましょう。

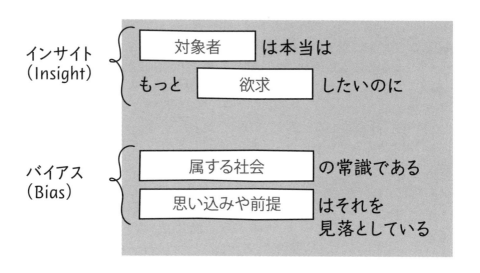

バイアスが、インサイトの存在を見すごしてしまっている。
インサイトが、バイアスの存在を浮き彫りにさせる。

　このように、バイアスとインサイトは、それぞれ合わせ鏡のように対になって、ジレンマをはらんでいます。バイアスとインサイトは、「どちらかが見つかったのちに、次を考える」というより、実態としては、「ほぼ同時に見つかる」感覚が正しいでしょう。積み木的に順序立てて解くというよりは、パズルのようにピースとピースの噛み合わせがあるときパチッとはまる感覚で挑むのがよいです。

それぞれのパートで作った「３軸ストレッチ」のマップを左右でくっつけることで、バイアスとインサイトの視野を広げる「認知の拡張MAP」が出来上がります。

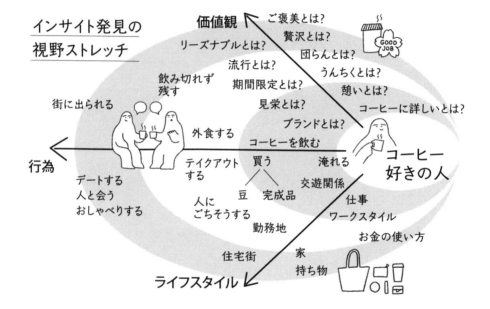

インサイト発見の
視野ストレッチ

価値観

ご褒美とは?
贅沢とは?
団らんとは?
リーズナブルとは?
うんちくとは?
流行とは?
憩いとは?
期間限定とは?
コーヒーに詳しいとは?
見栄とは?
ブランドとは?

飲み切れず
残す

街に出られる

外食する
コーヒーを飲む

行為

テイクアウト
する
買う
淹れる

コーヒー
好きの人

デートする
人と会う
おしゃべりする

豆
完成品
交遊関係

人に
ごちそうする
仕事
ワークスタイル

勤務地
お金の使い方

住宅街
家
持ち物

ライフスタイル

GOOD
JOB

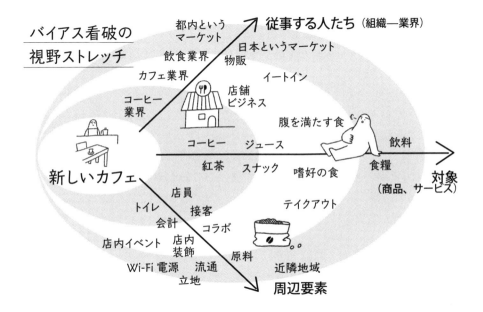

バイアス看破の
視野ストレッチ

従事する人たち（組織―業界）

都内という
マーケット
飲食業界
カフェ業界
コーヒー
業界

日本というマーケット
物販
イートイン
店舗
ビジネス

腹を満たす食

新しいカフェ

コーヒー　ジュース
紅茶　スナック　嗜好の食　食糧

飲料

対象
（商品、サービス）

店員
トイレ　接客
会計　コラボ
店内イベント　店内
装飾
Wi-Fi 電源　流通
立地

テイクアウト

原料

近隣地域

周辺要素

一番真ん中に、考えのスタート地点である「コーヒー好きな人のための、新しいカフェのコンセプト」という基本形がありますが、それだけをにらみ続けていても、バイアスもインサイトも見つかりません。「自社の製品の需要性の調査ばかり、ユーザーに取り続ける」みたいなマーケティングアプローチは、まさに「真ん中しか見えてない」状態ともいえます。これでは、現状の改善は可能かもしれませんが、「ここではないどこか」へ行けるアイデアは出ないでしょう。

「飲食業界の常識が見落としている、今の人が外食する本当の理由は？」
「コーヒー業界の常識が見落としている、本当は家でコーヒー淹れたいけれどできていない人が抱えている不満とは？」
「コラボ企画を考えるときの常識が見落としている、最近の若者の"流行"に対する価値観とは？」

　右と左の組み合わせをガチャガチャ試しながら、「確かにそういう観点でジレンマを探ったことないかも……」という問いを探す。そして、実際にその問いに対しての仮説を考えてみる。いくつか見つかるであろうジレンマの中から、「それを解いてあげたときに喜んだり救われたりする人が間違いなくいる！」と確信できるものが、コンセプトの立脚点として機能するジレンマになるはずです。

「新発見であること」
「強い情動であること」
「この企画で解決可能であること」

　この３つを意識して、ぜひ「解く価値の高いジレンマ」を見立ててみてください。いいジレンマが見立てられさえすれば、実は、コンセプトはほぼ完成したも同然かもしれません。ただ、あと１つの要素「ビジョン」があれば、さらにコンセプトの実現がグッと現実味を帯びてくるので、次に触れていきます。

ビジョンの見通し方

◨ 結局、あなたは社会がどうなったらうれしいのか？

　ビジョンを構成する2つの空欄を埋めるにあたって、バイアスとインサイトを考えたときと異なる思考のモードについてまず触れます。それは、**ビジョンは「あなた自身」の話だということ**。バイアスは業界のことだったかもしれないし、インサイトは相手のことだったかもしれない。でもビジョンに関しては、「あなたは結局、何を望んでこの企画のコンセプトを作ろうとしてるんですか？」という、自問自答の領域だということです。まずそのモードの切り替えをしてここから先を読み進めてみましょう。

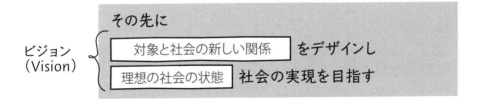

　空欄が2つありますが、1つ目の空欄には、「あなたがコンセプトを見立てようとしている対象が、社会においてどのような存在になることを目指すのか？」という、「対象と社会の理想の関係性」が入ります。それに対して2つ目の空欄には、あなたの企画との関係性とは切り離した、理想の社会の状態を純粋に定義したものが入ります。

　スターバックスの「サードプレイス」を例に考えるなら、

「人々が、家庭と職場以外にも、自分の居場所を持てる社会の実現」

が2つ目に入るときに、そんな社会の実現を目指して
「カフェが多くの人たちにとって、新しい居場所になっている」
という、対象と社会の理想的な関係性が、1つ目に入る

という感じです。空欄はそれぞれ主語が異なっていて、1つ目の空欄はまだ「自分の企画の対象」を主語にしていますが、2つ目の空欄は、企画の対象など関係なく、「社会」を主語にして考えられるべきです。2つ目の空欄を考えることで、自分がこの企画を考えるうえで知らず知らずのうちに背負ってしまっている、事情や都合を完全に切り離して、社会を主語にして考えることができます。

　ただし、この2つは「完全に別の2種類の思考をする」という意識ではなく、「1つの思いとしてのビジョンを、スポットライトの当て方で2種類に書き分ける」イメージでOKです。いったんはあまり気にしすぎず、ビジョンそのものについて考えてみましょう。

⚑ 理想のビジョンは「for other by me」

　まず、あなたがこの企画で「どんな社会を実現したいのか？」を文章に書き出してみましょう。思いが1つではなく複数入り混じっている場合は、複数行書いてもよいです。なぜこの企画をやるのか？　誰の何のためになるのか？　たとえば、どこでどんな人がどういう状態になることが理想なのか？いったん、仮に決めてしまいます。

　仮決めしたビジョンを磨いていくわけですが、磨くうえでの方角を明確にさせるために、**「志の4象限」**という象限マップを使っていきます。
　縦軸が「by」の軸で、そのビジョンは「誰を起点に生まれたものか？」を整理する軸です。横軸は「for」の軸で、そのビジョンは「誰のためを思ったものなのか？」を整理します。この組み合わせで生まれる象限は次の4つ。

左上「for me by me」=自分のための、自分によるビジョン

「起業を成功させる」「業界シェアナンバーワン」「有名になる」などはここに入ります。自分の志であり、向いている方向も自分側であるというものがここに集まります。

左下「for me by other」=自分のための、誰かによるビジョン

　ここに入るのは、あなたを「顧客」として誰かが考えたコンセプトでしょう。基本的に、あなた自身がコンセプトの作り手になろうとする、本書で扱ってきたこれまでの行為は、ここに入るものを生まないはずです。

右下「for other by other」=誰かのための、誰かによるビジョン

「SDGsはこれから大事」「今、健康意識が高まっている」といった、トレンドやニュースで語られがちなことがここに入ります。

右上「for other by me」=誰かのための、自分によるビジョン

　あなた自身が志の発信源であり、かつその志が「利他」に向いているものがここに入ります。

志の4象限

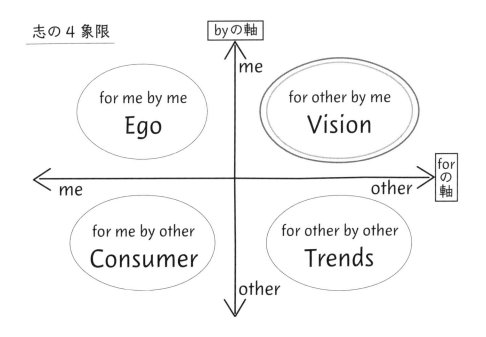

あなたが書き出した仮ビジョンは、どの象限に入るものが多いですか？　一度プロットしてみてください。さて、では**目指すべき「良いビジョン」はどの象限に立ち起こるのか？　それが右上の「for other by me」、「誰かのための私の」です。**1つ目は「エゴ」、2つ目は「コンシューマーモード」、3つ目は「トレンド」と言い換えることも可能だとすると、真のビジョンは4つ目のみと言ってしまってもよいかもしれません。

「for other by me」のところに入るものを書き出せていない……そう感じた場合は、それぞれ別の象限に入っている、仮のビジョンを磨き上げることで右上を目指すことができるはずです。

🏳 エゴをビジョンに昇華するには？

　1つ目の象限である「エゴ」は、このままだと「1人で勝手にやれば？」という、自分以外の誰かの力や注目、資本を「集める」コンセプトにならない可能性が高いです。インサイトとビジョンをつなげるときに無理矢理になってしまう恐れも高い。では、どうしたらよいのでしょうか？

　最初に言いたいのは「エゴがある人は強い」ということです。成功したコンセプトを生み出した人の中には、「自分が欲しいものを作る」という、エゴからスタートしたタイプが数多くいますし、エゴ無くして「最初から人が欲しがるものを、意見を聞いて作る」というスタンス100％だと、それはそれで「あなたがそれをやる意味」がなくなってしまう恐れもあります。

　大切なのは、そのエゴを**「自分以外の誰かに提案する文体に変換する」**ということ。自分が欲しいものでもあるけれど、「それは自分以外の誰かにとっても絶対にいいものであるはずだ！」と、主語を入れ替えて語れることです。

売上ナンバーワンを目指す　→　それって、社会にとってどう良いの？
起業家として成功する　→　あなたが成功することは、社会にとってどんな良い意味があるの？

有名になる　→　あなたが有名になることは、社会にとって何の意味があるの？

　このように、裏返して「for other」の視点で文章を翻訳してみてください。このときに実は大事なのは、「『for other』とは誰なのか？」を考え抜くこと。バイアスのときに触れた「社会の半径をどう定義するか？」を思い出しながら、「あなたが大事にしたいあなた以外の誰かとは誰なのか？」を強くイメージする。そしてその人にとって、あなたがビジョンを実現することが「何の意味があるのか？」を翻訳して考える。この「主語の倒置」によって、左上から右上への移動は考えやすくなるはずです。

⌐ トレンドをビジョンに昇華するには？

　ここの象限には、真面目で優等生的な発想が多く入りがちです。
　1つエピソードを紹介します。スープストックトーキョーの遠山正道さんが自社の商品開発で実際に起こったこととして話されていた「黒胡麻のスープ」という話です。
　ある社員の方がスープの新商品開発の企画会議に、黒胡麻のスープという企画案を持ってきたそうです。その方は自分の企画のプレゼンにおいて、この企画が優れている根拠として、「みのもんたさんが『朝ズバッ！』で、黒胡麻がブームの兆しと紹介していた」ことを挙げたそうです。それに対して遠山さんは、「じゃあ、もしこのスープが売れなかったら、あなたはみのさんのせいにするってことかな？」と問いかけたそうです。

　企画を起案する本人の中から湧き出る、情熱や意志、「絶対にいけるはずだ！」という確信がなければ、ただでさえ最初は「変な人扱い」されるかもしれないコンセプト起案という営みには、耐えられないということかもしれません。
　すぐに人のせいにしたり、ニュースやトレンドのせいにしたり、理解者がいない現状に挫けてしまうかもしれません。最初は賛同してくれる人が少なくても、自分の中には確信がある。「流行っているから」「やらないと社会の目が厳しいから」「競合他社も取り組んでいるから」といった外的な動機も

もちろん企画を実現するうえでは重要です。

　ただ、少なくともビジョンを見通すこのプロセスでは、「では、外圧も何もなく、あなたが好きにしていいよって言われたら、やらないってこと？」という問いを、心に忘れずにしたいものです。

　トレンドをビジョンに変えるためにはどのように考えたらいいのでしょうか？　シンプルに言うなら、エゴのときに行なった主語の倒置の逆パターンを行なうということです。「みのさんが」「競合が」「上司が」という、自分以外の主語で考えて書いてしまっていることに対し、「自分は本当のところ、どう思うのか？」という「by me」で考えてみましょう。

　ただし、この「by me」に置き換えて考えるという行為、もともと思いがあってコンセプトを考え始めた人には容易かもしれませんが、そうではない人は、なかなか苦しむことが多いように思います。いざ考えてみたら、「自分自身にやりたいことや情熱がないんじゃないか？」と自信喪失したり、虚無感に襲われる人も何人も見てきました。すぐに出てこない方のために2つだけ、思考の補助線を紹介します。

　1つ目は、あなたは「誰のためならエネルギーが一番出るか？」という思考です。コンセプトである以上は「for」という相手が誰かいるはずです。その相手の中で、あなたが一番、ひと肌脱ぐ気になれる人は、具体的に誰ですか？　それをぜひ、具体的に、実在する人を1人置いて考えてみてください。

　たとえば「10代女性のために」という設定だと思いの馬力が出ない人でも、「私の姪っ子がニキビに悩んでて……、小さいときから本当に仲良くしてきた彼女の悩みを何とかしてあげたい」と置き換えて思考するだけで、エネルギーの出方が変わるような気がしませんか？

　顔の見えない、漠然とした人の塊でイメージする思考は、やはり「マーケットボリューム思考」から生まれてしまうものな気がします。ビジョンの強さを高めるために、ここでもいったんボリューム論は手放して、「放っておけない人は誰なのか？」を考えてみるといいかもしれません。実際、僕が所属している電通若者研究部で主催していたインターンシップでは、学生の皆さんにエントリーのときに「あなたの放っておけないことは何ですか？」という問いを投げかけてきました。ここの強度こそ、困難な企画を実現させる

根っこの馬力に直結するからです。

　この思考でもまだ「by me」が見えてこない場合は、**2つ目の思考として「実体験の置き換え」をおすすめします。**姪っ子のニキビの例を挙げましたが、まさにそれは自分の実体験をベースにしていますよね。当事者として感じた違和感、不満、憤り、喜び、希望を基点にしたビジョンは、自ずと「by me」になるはずですし、他者や社会から見たときに「ほかの誰でもない、あなたがこのコンセプトを発案した意味」の強さにつながります。

　44ページのコンセプトケースで挙げた、ヘラルボニーのコンセプト「福祉実験ユニット」の裏には、創業者である松田崇弥さんと松田文登さんのお兄さんが、障害を持っていたこと。そしてそんなお兄さんとともに生きてきて感じた違和感や憤り、あるいは可能性を基点にしたビジョンがあります。「これは松田兄弟にしか言えないビジョンだ」という、唯一無二の説得力がビジョンに宿っているわけです。

「そんなこと言われても、自分の人生にそんな特筆すべき実体験なんかない……」と感じる人もいるかもしれません。でも、それもきっとあなた自身に対してのあなたのバイアスです。ほかの人が「何だそんなちっぽけなことか」と言うようなことでも、自分にとって大きな出来事だったら、それでいいのです。「ここではないどこか」を見通すために、まずは「自分のここまで」を否定せずに受け入れるのです。

　世界的アーティストのテイラー・スウィフトの歌詞のほとんどは、実は自身の恋愛の実話をもとにしているといわれています。「私はすごい嫌だった！」「私は、実はうれしかった！」という実体験をベースに、「でもこういう風に思う人って、きっと私以外にもいると思う！」という提案の形をともなってビジョンにする。そのためにぜひ、日頃から、自分の感情を高精細に自覚する意識を忘れないようにしましょう。
「おいしかった」「楽しかった」という粗さではなく、「過去、最も近い感じの体験は何か？」「それとの違いを言葉にするとどうなのか？」「たとえるならどんな感覚なのか？」「より言い当てた感覚のある単語や表現で言い直せないか？」など、もう少し具体的にどう感じたのか？

解像度にこだわって自分の感情を理解することで、「平凡な人生」と現状は思ってしまうかもしれない毎日が、まったく違って見える可能性を誰しもが秘めているはずです。弱さや違和感、つらかった経験をなかったことにするのではなく、「逆手にとって回収する」精神こそが、コンセプト・センスの根源には必要なのかもしれません。

　加えて、人生はこうしている今も現在進行形で進んでいます。今この瞬間から、新しい体験をすることだって可能なのです。情報が大量に飛び交う現代社会だからこそ、「実は、本当に自分で体験したことがある人は少数なのに、さもみんなやったことあるのではないかと錯覚してしまっていること」は大量にあります。

　身銭を切って、やってみる。行ってみる。食べてみる。会ってみる。使ってみる。優等生タイプな人ほど、机上で答えを出そうとしがちですが、効率性だけで考えずに、新しい体験を今日からでも人生に加えていくスタンスも、忘れないようにしたいですね。

⌖ 人生を使って、ビジョンをつかむ

「for other by me」のビジョンは、見通せそうでしょうか?
　とどのつまり、良いビジョンを見通すためには、起案者であるあなた自身が、自分の人生を使うことから逃れられないということかもしれません。日頃、大きな企業に勤め、多くの関係者の利害の調整を常に意識しないといけない立場にいて、なおかつそれを優秀にこなせてしまう方ほど、実はこの「自分の感覚を仕事に持ち込む」ということが苦手なことが多いようです。
　客観的に、合理的に、事実に基づいてビジネスを行なうことが求められる場面もたくさんありますが、ことビジョンを見通すときは、立場も所属も肩書きも剥がしたときに、「自分という人間がどのような人生を歩みそこで何を感じ、どのような思いを持っているのか?」に立ち返れる人が強いように感じます。
　そしてコンセプトはそんなあなた自身の主観と、時代や社会、相手をどう見つめるかという客観との、結び目に浮かび上がるものです。バイアス(B)

とインサイト（I）の間に見つけたジレンマを解くコンセプトを、「なぜあなたがやるのか？」というビジョン（V）で、強い確信をともなった提案に昇華することを目指しましょう。

ビジョンの見通し方

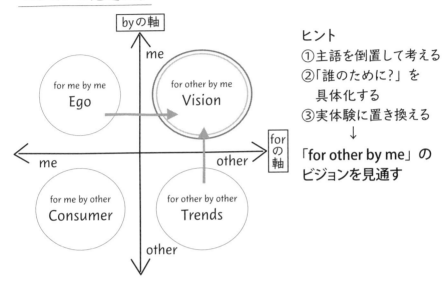

ヒント
①主語を倒置して考える
②「誰のために？」を
　具体化する
③実体験に置き換える
　↓
「for other by me」の
ビジョンを見通す

B・I・Vのどこから
思考を着手するべきか?

🔲 自分の利き手を把握する

　ここまで、バイアス（B）とインサイト（I）とビジョン（V）をそれぞれどのように求めるのかを説明しましたが、**この3つは実は、「どこから考え始めてもいい」のです。** というのも、実際は「1つ片づけてから次を考える」というイメージで解くよりも、「3つの要素を行ったり来たりしながら、あるときパーツがパチッとハマってすべてが成立する形が見える」ようなイメージで解くことがほとんどだからです。それは、コンセプトが必要とされるような適応課題はそもそも順序立てて解くアプローチが適さないからです。

　ですので、何から解くかはあなた自身の思考や人格のタイプで決めてしまっていいといえます。どうせ最終的にはすべて考えないといけないので、初手くらい、気持ち良く思う存分考えられるルートで穴を掘ったほうがいいです。ここでは、「それぞれどのような人にどの要素が向いているのか?」を説明します。

🔲 第三者的立場が活きる「B利き」

　まずはバイアス（B）ですが、業界の常識を壊すところから始まるので、「門外漢」に有利な視点といえるでしょう。139ページで「よそもの、若者、馬鹿者」という言葉も挙げた通り、その業界の常識に染まっていない人のほうが、バイアスに気づくのには有利です。

　・第三者的立場から企画に携わることが多い人

コンサルタント、アウトソースのデザイナーやプランナーなど

・**企画の主体である「われわれ」の中で、歴が浅い立場の人**

若手、他業界からの転職者、何らかの少数派特性を持っている人など

このあたりが当てはまりやすいと感じます。また、**「本当にそれって前提なの?」と疑う視点**がバイアス探しには大事なので、物事を見たり考えたりするときに、「本当に？」という視点を抱きがちな人も向いているルートかもしれません。客観的で冷静で、物事を引きの視点で見られる人は、ぜひ「それって本当に？」という合言葉とともにバイアスから探してみてください。

バイアスからスタートした場合は、「その思い込みが見えなくさせているインサイトは何か？」「自分だったらそのバイアスをぶっ壊して、こういうことをするのに！というビジョンは思い浮かぶか？」というように、インサイト（I）とビジョン（V）にもつなげて思考してみてください。

⬛ 大志や義憤があるなら「V利き」

ビジョンスタートの思考は起業家タイプの方に多い方法です。社会に義憤がある人や、「こんなことが実現してほしい」という想いがある人、お願いされていなくても企画を考えてしまう人、自分の中にwillがある人は、自然とこの方法からコンセプトを考えることが多くなってくるでしょう。「もしも、こういう物事があったら世の中もっと良くなるはずなのに！」ということが何か1つでも思い当たる人は、そこを起点に考えることがコンセプトをあなたらしいコンセプトにするうえで一番の決め手になるはずです。

ビジョン（V）からスタートした場合は、「自分のこの思いって、何で誰もやってないの⁉　自分がやるしかないじゃん⁉　こんな思いで周りを見渡すことでバイアスを見つけられるか？」「これって自分だけが思ってるわけじゃなくて、ほかのどんな人も共感してくれることなのかを考えてインサイトを見つけられるか？」というように、バイアス（B）とインサイト（I）につなげていってみてください。

人のことを慮る「I利き」

　最後にインサイト（I）ですが、これはリサーチャーやデザイナー、マーケターに得意な人が多い視点です。自分自身の中に強い衝動ややりたいことはないけれど、人間観察が好きな人、人の気持ちを奥深く観察できる人、あるいは誰かが望むことを叶えることに喜びを感じる人におすすめの視点です。

　このルートは、「欲求の存在を既存プレーヤーが見落としている理由を考えることでバイアスを見つけられるか？」「この欲求を叶えることがつながっている、理想の社会を考えることでビジョンを見つけられるか？」といった形で、バイアス（B）とビジョン（V）につなげて考えてみるのがよいです。

行き詰まったら「違う利き手の人を頼ろう」

　得意なルートで考える一方で、行き詰まったら別の視点を行き来する柔軟さを持つことも重要です。そのときに、自分1人の中で視点を切り替える強制発想も有効ですが、自分と異なる利き手で考える人とチームを組み、それぞれが好きなように考えてみて擦り合わせるのも、良いコンセプトを生むためにおすすめの手法です。

　チームを組成するときにぜひこのあたりの「思考の利き手」については、把握してみてください。全員が同じ利き手のチームは、議論の摩擦は少なく一見スムーズにプロジェクトが進むのですが、一度暗礁（あんしょう）に乗り上げるとドツボにハマってしまったり、あるいは「最後までスムーズに進んだのはいいけれど、生み出されたものがあまり面白くない……」ということも起こしがちです。企業におけるダイバーシティはイノベーションと直結するという話も、このあたりの **「異なる利き手同士で、創造的な摩擦を起こせるか？」** とつながっている話だと僕は解釈しています。

■□ 「界隈」の考え方からずらす

　また、自分が作ろうとしているものが及ぼす「界隈」のプレイヤーに一定の傾向がある場合は、その裏をかいたほうがいいという発想もあります。たとえば「化粧品業界はすぐに顧客アンケートをとる傾向が強い」とあなたが感じているなら、それは言い換えれば「インサイト（I）起点で考える傾向が強い」ということです。であれば、「ビジョン（V）起点やバイアス（B）起点で考える」というルートをとるだけで、もしかしたらオリジナルなコンセプトを見立てられる可能性が上がるかもしれません。

「普通、この領域はこう考えるのが定石だよ」というものがあるなら、その定石すら疑って、戦略的にズラしてみる。たったそれだけでも、バイアスの向こう側を見抜ける可能性を上げることはできます。

コンセプトの見立て方

とにかく書いてみよう

　では、いよいよコンセプトを見立ててみましょう。第3章でさまざまな形状を紹介しましたが、ここでは「言葉」で書き出すことを前提にプロセスを紹介します。

　「正解が決まっているわけではない」のがコンセプトなので、ずっと思考の準備をしていても終わりません。出題範囲が決まっている試験勉強のようにはいかないわけなので、本来、形にするのは常に全工程で並行して行なうべきです。
　では、形にするというのは、何の形にすることを示すのか？　それは「提案」の形で書いてみることに尽きます。

「会いに行けるアイドルって、会ってみたいと思いませんか？」
「外に出かけたくなるスマホゲームって、やってみたくないですか？」
「あなたにとっての第三の居場所になれるカフェ、立ち寄ってみませんか？」

　このようにコンセプトが機能している状態とは、つまり「誰かに対しての“この指とまれ”の魅力的な指になっているかどうか？」なので、「提案の文章になること」を意識して言語化を図ります。「一言で、相手をこの企画に誘うなら、何と言って誘うか？」を考えて、文章にしてみましょう。

　「相手」とは誰を指すのかも、なるべく具体的にイメージしましょう。ここでは「20代女性」のような漠然とした設定ではなく、引き続き「ニキビに悩む姪っ子」レベルの解像度で想像していきます。商品・サービスのコンセプ

トであれば、実際にその商品サービスの顧客だと想定される人を。組織やチームのコンセプトであれば、その組織・チームのメンバーを。行動やアクションや新しい社会通念のコンセプトであればその「社会」を構成する主たるメンバーを想像してみてください。

　前述の通り、コンセプトはコピーライティングとは異なるので、あまりレトリックに凝りすぎずにコンセプトだけ伝えて興味を持ってもらえそうかが大事です。細かい商品の全体像や詳細のスペックまで伝わらなくても問題なく、大まかに**「何を価値として提供しようとしている企画なのか」が伝わって「それが、その人にとってポジティブな興味を喚起するものになっているか」が大事です。**説明ではなく、「新しい興味喚起」になるかどうかを軸に考えてみましょう。

　チームメンバー、社内の上司、協力会社などの、この企画の「われわれ」側の人に対しても、「この指とまれ」になるかもちょっと意識してみるとより考えやすくなるはずです。

「会いに行けるアイドルって、会いに行きたいと思いますか？」
　＝相手に対しての提案
　　　　＋
「会いに行けるアイドルを、これからプロデュースしていこうと思うんだけど、一緒にやらないか!?」＝企画サイドの仲間に対しての提案

　このように、内側と外側、両方に魅力的に聞こえるコンセプトであるとなお良しです。起案者である自分たった1人の力で完遂できることばかりではない以上、「仲間集めとしてのこの指とまれ」パワーもコンセプトには非常に求められるので、ぜひこの両サイドを、形に定着させるときに意識して、言葉にしてみてください。

⬛ まずは何しろ「B・I・V」

「既存のプレーヤーや界隈の常識を超越した提案になっているか？」

「企画の受け手のインサイトに応える提案になっているか？」
「この企画の実現の先に、理想の社会が見えるか？」

　やはりこれが根本の３原則になります。

　バイアス（B）だけでも「実は誰も求めていない単なる逆張り」ですし、インサイト（I）だけでも「もしかしたらすでにあるか、考えつくけれど、どこもやらない理由がある企画」の可能性が否めません。ビジョン（V）だけでも「熱血の空回り」になってしまっているかもしれない。どれかが最大のブレイクスルーになっている必要はあるので、多少の偏りはもちろんOKですが、ほかの２つの観点がまったく抜け漏れているのは、磨き上げの余地が大いにありかもです。

🔳 バイアス（B）が弱いと感じたら……

　バイアス（B）が弱いというのは、「ほかの似たような企画との違いがそこまで感じられない」という状況です。もし本当にそうであれば、このコンセプトはたとえ世の中に提案したとしても「似たようなものはあるし、わざわざコレじゃなくてもねえ……」と、スルーされてしまう可能性が高いですよね。そうならないためにもまずは、「近い提案をしている存在が、本当に世の中にないのか？」を今一度、見渡すことをおすすめします。ここで気をつけたいのは、「チョコレートの競合はチョコレート」だけとは限らない、ということです。

　チョコレートの競合は？

・チョコレート　（商品が一緒）
　　　　↓
・おやつ全般　（カテゴリーが一緒）
　　　　↓
・休憩の時間のすごし方全般　（相手からいただこうとしている資本が一緒）

このように、決して企画をする自分たちが「近い存在」だと思っているモノゴトだけに限らず、「受け手の欲を中心として、見えている風景」によって決まるものだということです。

　以前、映画配給会社のプロジェクトをしているときに、若い人たちが映画館に来てくれない本当のワケを探っていたのですが、あるインタビュー協力者の高校生が「2時間もスマホいじれないのがマジ無理」と言ってくれたことがありました。

　映画とスマホが「時間資本の使い方の競合」というお盆の上で、競合関係になっていたということで、いかにほかの映像エンタメと差別化するかというバイアスに陥っていた映画配給会社のご担当は「アサッテの方向から競争にさらされていることを気づかされた」とおっしゃっていました。

　コンセプトは人の「認知」を動かすためのものなので、やはり人の認知を中心とした競合環境を考えるべきで、業界のくくりや社内の部門の区分、あるいは店舗の棚の取り合いといった考えだけだと見落としがちなポイントです。

　例に挙げたチョコレートに近い話だと、「スマホをいつでもいじりたいから、指先が汚れないおやつのほうがいい」といった声は実際にお菓子業界でもすっかり当たり前の顧客マインドになったと聞いたことがあります。**どこから「欲の奪い合いの相手」が現れるかわからない**ので、ぜひそこは意識するといいでしょう。

　逆に、「競合の捉え方が古いまま固まっている業界に、アサッテの方向から新しい提案をするコンセプト」を自分たちが作れると、とても機能する可能性があるともいえますね。

　そうやって見渡した結果、「似たものはあるな」と思ってしまったら、まだバイアスを超越し切れていない可能性が高いです。改めて見つけたそれらの似た存在は、「どんなバイアスの内側に止まっている企画なのか」を、もう一周考えてみるとよいです。

　あるいは、「かつて似たものはあったけれど、何らかの理由で今はもうない」というパターンもよくあります。その場合は、「なぜ続かずに終わってしまったのか？」を考えてみるとよいです。その「続かなかった理由」を「今回の自分の企画は乗り越えられる提案になっているのか？」「続かなかった理

由の背景に何らかのバイアスがあったのではないか？」「だとしたらそれを超越するとどうなるのか？」──ぜひ追い詰めてみてください。

バイアスを超越できている企画に共通するのは、賛否両論が必ず起こるということです。あまりにもすんなり、周りにいる全員が「いいんじゃない」という反応をしたとしたら、もしかしたらそれらの人たちの脳の中にあるバイアスを刺激することができていないのかもしれません。これまでの価値観や常識から見たときの何らかの違和感やわからなさ、気に食わなさ、腹立たしさが巻き起こったとしたら、それがまさに「バイアスの表面に触るコンセプト」になっているという証拠。ぜひ、波風を立てるコンセプトを目指すべきです。

┺ インサイト（I）が弱いと感じたら……

インサイト（I）が弱い場合、その原因は「会議室の中だけで考えている」ことが多いです。 企画サイドの理屈、事情、都合ばかりでコンセプトを練り上げてしまい、相手が不在になっているような状態なので、シンプルに相手に会いに行くことが有効です。その人のことを知る手段は無数にありますし、新たなリサーチ手法を発明することだって無限に可能だと思います。インサイトのページに戻って、もう一度振り返ってください。

ただ、インサイトが弱いとき現象が起こるときの根本的な原因は、単に「相手についての情報が少ない」という以前に、「そもそもコンセプトを作り上げるプロセスにおける相手の存在感が低い」という意識の問題であることが多いように思います。Amazonでは、かつてジェフ・ベゾスが会議室に椅子を余分に1つ持ち込み、そこに自社にとっての最重要人物「顧客」が座っていることを、参加メンバーに常に意識させるようにしたそうです。

そもそもこの企画は、「誰を」助けたくて、あるいは喜ばせたくて始まったものなのか？　ビジョン（V）の初期衝動にもかかわってくるこの「意識における顧客の存在感」を上げるためにも、実際に自分の足で、顧客の存在

に触れにいくフィールドワークが、「インサイト（I）が弱い」と感じたときの一番おすすめの方法です。「誰か」とか「20代女性」といった漠然とした人の塊ではなく、ぜひ「実在する、名前のある特定の誰か」を、このコンセプトで提案される企画から始まる物語の“主人公”だと思えるように、会いに行ってみてください。

ビジョン（V）が弱いと感じたら……

　もしかしたら、あなたはこの企画を「成立させること」に意識が偏ってしまっているかもしれません。1つ、僕自身も戒めのために忘れないようにしている文章をご紹介します。

「ものごと」をつくっているときに、
　よく陥ってしまいがちなのは、

「やりくり」が仕事だ、と思い込んでしまうことだ。
「やりくり」するのは、なかなか大変ですよ。

　だけど、「やりくり」は、
　価値やら魅力やらをつくるわけじゃないんだよね。

「それいいね！」ってひとがよろこんでくれるのは、
　価値や魅力があるからなんだ。

「いやあ、よくやりくりができているから、いいね」
ということは、ほとんどないと思ったほうがいい。

　やっぱり、「すてき」ってことが、稼いでくれるんだ。

「やりくり」の仕事も、もちろんあるんだけど、
「やりくり」そのものが価値だと思ったり、

仕事なんだと思わないほうがいいよね。

あちこち見渡してごらんよ、やりくりの結果が
街に（そして倉庫に）あふれかえっているから。

―糸井重里『ふたつめのボールのようなことば。』より―

　良いコンセプトを精錬するために、数多くのことを考えたり慮らないといけないのはここまで書いた通りですが、その変数の多さゆえについつい「うまいことやりくりして、成り立たせること」で頭がいっぱいになって、肝心の「本当にそれって、素敵なことになっているんだろうか？」がないがしろになってしまいがちです。「どうもやりくりになってしまっている」と感じたら、ビジョンに立ち返って考えてみてはいかがでしょうか？

　もう1つよく巻き起こる感情として、自分が根っこで抱えている課題意識や志に対して、**この企画のコンセプトはちっぽけすぎるのではないかという、自信のなさ**があります。

・世界平和を目指したいのに、こんなちっぽけなポッドキャスト配信を始める、でいいのか？

・子どもたちのクリエイティビティをもっと解き放ちたいのに、こんな動画一本で意味あるのか？

・すべての親子とその家庭をもっと笑顔にしたいとか言いながら、ハンドソープだけで何ができるのか？

　このような、「自分のビジョンと、実際やろうとしている企画に、隔たりを感じてしまう」ことは、よく起こることだと、さまざまな企画者から見てきました。その隔たりから、「ビジョンはまあ、ビジョンだから」という風にそっちを脇に置いて、結局「やりくり」ばかりに気を取られてしまったり、あるいは「こんなことやっても大して世の中は変わりはしない」とやめたくなることも、真剣に考えているがゆえに一度は通る道のように思います。

大事な感覚は、たとえ遠かろうと、まるでバタフライエフェクトのように間接的な関係性しかなかろうと、「確かにその道は、ビジョンにつながっている」と思えるかどうか。「つながっている」と思えるのであれば、「その壮大なドミノ倒しの、1枚目をチョンと押す」企画に、それがなるかもしれないのは事実なのではないでしょうか？

　最初から、もっとも根本的な原因に、万全なリソースで、一発で解を出せることのほうが実際は世の中少ないですし、実はドリームチームやドリームプロジェクトのほうが、多数のしがらみや過度の期待値からがんじがらめになって、失敗に終わることだって少なくないことは歴史が証明しています。

　ゆるスポーツ協会の澤田さんも「ビッグマウス・スモールアクション」という言葉で近い感覚を表現されています。コンセプトはまさにビッグマウスをスモールアクションにつなげるための接続部分ともいえます。「ビッグアクション」にこだわりすぎて身動きが取れなくなってしまわないように、軽やかさを忘れないようにしましょう。

⌞ コンセプトの「磨きしろ」リスト

　B・I・Vに立ち返ることが第一ですが、もう1つの考え方として、当然ですが「道具として役に立つコンセプトになっているか？」という考えもここで使うとさらに良くなることが多いです。

　ここでチェックする効果は第2章でご紹介した「指針」と「遊び」に根ざした項目で、実際に使う前に、シミュレーションしながら考えてみる形になります。

■「磨きしろ」リスト

定まる？

- □ 解釈の幅が適度に絞れる具体度があるか？
- □ 何らかの尺度に置き換えられそうか？

閃く？

- □ 「問い」の形の文章に変換可能か？
- □ 企画で考えるべき半径を、良い形で「狭められそうか？」

際立つ？

- □ ほかの似た企画ではなく、「この企画ではないとダメだ」と
  いえるものになっているか？
- □ 「やるべきこと」「やってはならないこと」の判断基準になり得るか？

集まる？

- □ シンプルで、誰にでも伝えやすい形にまとまっているか？
- □ 何らかの社会において、現状をプラスに導く提案になっているか？

続く？

- □ 「自分」「自社」がそれをやる必然性やストーリーがそこにあるか？
- □ トレンドに左右されない、普遍的な人間の欲求に根ざしているか？

遊べる？

- □ これまでの発想では思いもよらない、新たなアイデアに頭が向かえるか？
- □ このコンセプトを真ん中に企てを形作ることに自分はワクワクできるか？

　すべての項目で満点を取ることは難しいと思いますし、本書で事例に挙げたコンセプトたちも「オールＡ」みたいなものは少ないかと思います。大事なのは「全体を見渡して、現行案はどの部分が良くて、どの部分に磨きしろが残っているかを把握する」「把握したうえで、それを特徴として良しとするか、改善ポイントとして検討するかを、バランスを把握したうえで検討できるようにしておく」ことだと思います。

　特徴をわかったうえでコンセプトを採択できれば、「このコンセプトはそもそも、閃くことに価値を出してくれればと思っていたので、続くかどうか

は未知数」のように、道具の特性を"わかって使う"ことが可能になります。
ぜひ、シミュレーションしてみてください。

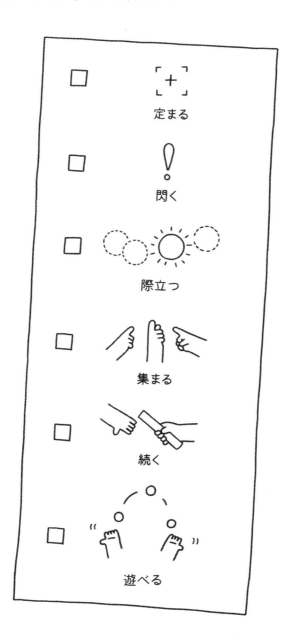

🔖 誰かに見せてみよう

　チェックポイントによる磨き込みはあくまでも「頭の中の話」にとどまってしまうので、本当に機能する良いコンセプトかどうかを検証するうえで一番確からしいのは、そのコンセプトの見立てに関与していない、第三者の、それもできれば「その企画で想定している"相手"本人か、それに近い存在」の人に、そのコンセプトを見てもらうことです。

　「人に見せる」の初動でやるべきは、実は「一番の仲間に見せる」こと。スタジオジブリの宮崎駿監督も、まずはプロデューサーの鈴木敏夫さんに話のあらすじを話して「どう？」と聞くそうです。この人がダメと言うのなら、企画として世の中でヒットするか否か以前に「一緒に企画を形にしてくれる人がそもそも動いてくれない」ということですから、とても大事なプロセスですよね。
　宮崎さんにとっての鈴木さんみたいに、信頼できる目利きを仲間に持てるかどうかは、実はコンセプト作りにおいては重要です。頼りになる人、志をともにできると信じられる人を、自分の賢者として、ほんの1～2名でもいいので、持てるとよいでしょう。賢者は著名な方である必要も、ベテランである必要もありません。海外では経営者が自分より20～30歳も若いメンターを専任で複数名つけていることが珍しくありません。自分だけで保つことが難しい客観性や自分にはない視点で、フィードバックをもたらしてくれることこそ、賢者に求めるべきことでしょう。

　上級テクニックとしては、見せる相手の「利き手」に応じて、コンセプトの説明を変えながら検証する方法があります。たとえば、自分の賢者が「ビジョン先行型」の利き手でものを考える傾向があるなら、ぜひコンセプトの説明もビジョンの説明から入ってみましょう。どのような傾向の人にどのような伝え方をすると、コンセプトの本質がより明瞭に伝わるのか？　この検証もここで行なえると、実際にプレスリリースやオウンドメディア、あるいは商品そのものの説明書きなどで、何を立たせて伝えるべきかの確認にもなります。

▶ 最後はどれだけ試行錯誤できるか?

あとはこれの繰り返しを続けながら、「これだ!」というブレイクスルーを目指すしかありません。こればかりは、近道や必勝法はなくて、「あーでもないこーでもない」を繰り返しながら、もがくしかないように思います。ただ、どうしても行き詰まってしまったというときのために1つだけ、**「考え方の形式を強制的に変える」**という秘訣を紹介します。

たとえば、言葉で考えて煮詰まってしまったら、図や絵、あるいは物語で考えてみる。図でうまくまとめようとして行き詰まってしまったなら無理矢理言葉で定義しようとしてみるなど、「自然にやると自分はこう考える」という形式をあえて封印して、強制発想を自分に課すイメージです。

どうしても言葉で考えると言葉で思いつきやすい発想に、図なら図で考えやすい発想に、それこそ「バイアスにハマって」しまうことがあります。たとえば、言葉で10時間ここまで考えたとするなら、数式や数表やグラフで10時間、絵や図式で10時間と、同じ時間を自分に課して考えてみる。不慣れな分、最初はとてもじれったく、物事がはかどらない感覚に陥ると思いますが、その「はかどらない感覚」こそ、自分の発想のバイアスの境界線をはみ出すときに感じる感覚ともいえます。

思考のツールを変えるのもそれと似た意味で有効です。ワードでまとめてばかりいたなら、手書きノートに自由にペンで考えを書き出してみる。キーボードでタイプして考えていたなら、iPadのペンに持ち替えてみる。「PCばかり見ているなあ」と思ったら、画面を閉じて、誰かにブレストに付き合ってもらうなどなど。思考はツールに大いに規定されるものでもあるので、単なる気分転換と侮るなかれ、ツールを変えるのも有効です。

ブラッシュアップというからには、ここまでこの企画を考えてきた「企画者である自分の、この企画に対してのバイアス」をもここで見つけて超越する必要があります。そのためには「一時的に、心地良さや慣れから逸脱する」必要があるので、惰性に身を任せずに、ぜひ「行き詰まったらこれをやれ自分!リスト」を、オリジナルで持っておくのはいかがでしょうか?

⌐ Thinkだけでなく、Feelも全開で

　コンセプトの見立て方、いかがでしたか？　実は、この本を書くにあたって、僕が勝手に思う「コンセプトの達人」たちにインタビューをしたのですが、思いのほか、「コンセプトのことを作ろうと思って作ったことはない」という人が多かったのです。

　これは決して「コンセプトが何かを考えてもしょうがない」という意味ではなく、「別の枠組みを意識して考えることで、結果的にコンセプトも導出してきた」というニュアンスでした。コンセプトは「それそのものを独立して考えて作り出すもの」というよりは、**「対象の未来を今より異なる理想に導くための、あらゆることを考えている過程で、結晶化されて見立てられる」**ものなのかもしれません。

　なので、コンセプトがうまく見立てられないときは、逆説的かもしれませんが「コンセプトそのものについて考えることから離れる」ほうがいいのかもしれません。B・I・Vに立ち返りながら、コンセプト（C）を考えることを幾重にも繰り返す中で、「見えた！」という瞬間が皆さんにも訪れることを願っております。

第4章のまとめ

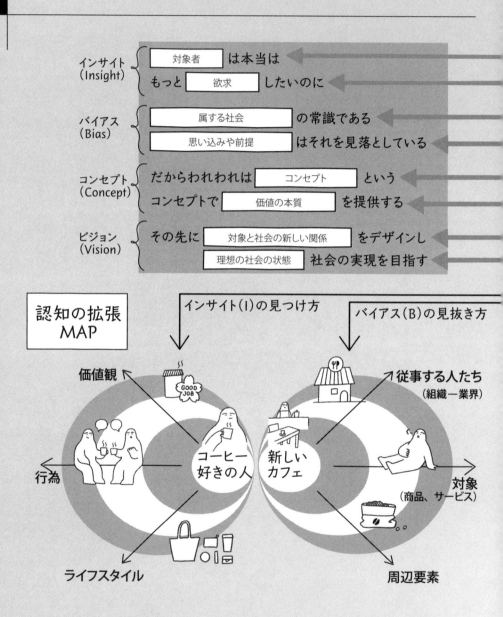

インサイト
（Insight）
対象者 は本当は
もっと 欲求 したいのに

バイアス
（Bias）
属する社会 の常識である
思い込みや前提 はそれを見落としている

コンセプト
（Concept）
だからわれわれは コンセプト という
コンセプトで 価値の本質 を提供する

ビジョン
（Vision）
その先に 対象と社会の新しい関係 をデザインし
理想の社会の状態 社会の実現を目指す

認知の拡張
MAP

インサイト（I）の見つけ方　　バイアス（B）の見抜き方

価値観　　　　　　　　　　　　　　　　　従事する人たち
　　　　　　　　　　　　　　　　　　　　（組織―業界）

GOOD
JOB

行為　　　　　コーヒー　新しい　　　　　　　　対象
　　　　　　　好きの人　カフェ　　　　　　（商品、サービス）

ライフスタイル　　　　　　　　　　　　　　周辺要素

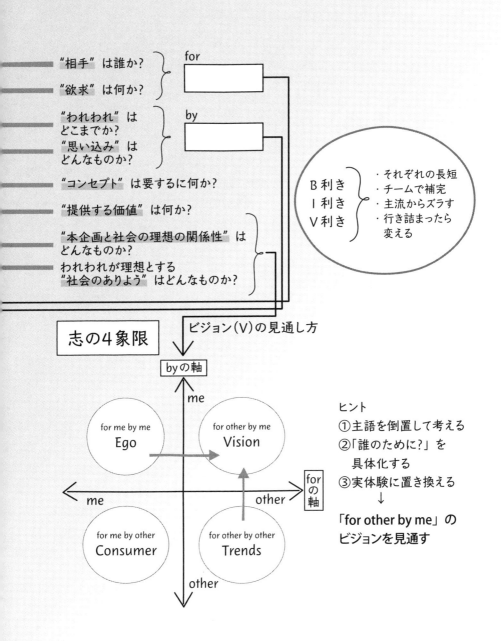

"相手" は誰か？ } for

"欲求" は何か？

"われわれ" は
どこまでか？ } by

"思い込み" は
どんなものか？

"コンセプト" は要するに何か？

"提供する価値" は何か？

"本企画と社会の理想の関係性" は
どんなものか？

われわれが理想とする
"社会のありよう" はどんなものか？

B 利き
I 利き
V 利き
} ・それぞれの長短
・チームで補完
・主流からズラす
・行き詰まったら
　変える

志の4象限

ビジョン（V）の見通し方

byの軸

me

for me by me
Ego

for other by me
Vision

me ← → other

forの軸

for me by other
Consumer

for other by other
Trends

other

ヒント
①主語を倒置して考える
②「誰のために？」を
　具体化する
③実体験に置き換える
　↓
「for other by me」の
ビジョンを見通す

- 運動神経のイメージで「感覚をつかむ」ことが、コンセプトを見立てるうえでの前提のスタンス。

- バイアス（B）を見抜くには「対象の事物の軸」「従事者の軸」「周辺要素の軸」で視野をストレッチすることが有効。そこに「時間軸」を掛け合わせることで、「認知のありようの変遷」を把握し、"裏をかく発見"を目指す。

- 「バイアス言葉のキャッチ」「"非"をつける発想法」「自分の中の多様性」などをヒントに、バイアスが存在する「内と外の境界線」に気づけるように考える。

- インサイト（I）を見つけるには「行為の軸」「価値観の軸」「ライフスタイルの軸」で視野をストレッチすることが有効。そこに「時間軸」を掛け合わせることで、「時代の気分」を捉えることを目指す。

- 「ほかのものじゃダメな理由」を突き詰めることで、インサイトの解像度は上がる。

- 「動詞発想」「自分だけのレンズを持つ」「他者のレンズを借りる」などをヒントに、本人もまだ気づいていない欲のあり方に輪郭を描こう。

- 拡張したバイアス（B）とインサイト（I）を付き合わせた「認知の拡張MAP」をレーダーのように使って、ジレンマを発見する。

- ビジョン（V）を見通すには「for other by me」に自らの思いを昇華させる。

- B・I・Vはどこから考えてもいいが、自分やチームメイト、界隈の「思考の利き手」を把握せよ。

- コンセプトを見立てるには、B・I・Vそれぞれの強さがすべて。あとは「とにかく書く」「ブラッシュアップする」「誰かに見せる」の試行錯誤の回数にかかっている。

SENSE of

第 **5** 章

コンセプトを使って
大いに「遊ぼう！」

コンセプトの使い方

私の仕事をざっくり説明すると
ジャンルとして成立していないものや
大きな分類はあるけれどまだ区分けされていないものに
目をつけてひとひねりして新しい名前をつけて、
いろいろ仕掛けて、世の中に届けることです
― みうらじゅん「ない仕事の作り方」より ―

CONCEPT

良い羅針盤が生み出せたのなら、

あとはそれを信じて「ここではないどこか」へ

出航するだけ。逆にいえば、羅針盤だけ眺めていても

何も始まりません。

ここからが本番です。

実際に「コンセプトを使う」というのは

どういう場面で何をすることを指すのか？

コンセプトが出来上がった「その後」を

この章では考えてみます。

コンセプトを通底させよう

■ 「もう迷わない」おかげで「思い切り迷える」

やっとコンセプトが決まった！

でもこれは企画の終わりどころか、スタートラインが整った段階です。**ここからが「コンセプトベースの企画」の始まり**ということで、練り上げたコンセプトが実際に大活躍する「ここではないどこか」を作り込んでいく段階に入っていきます。

手がける企画を構成する要素のうち、コンセプトの影響を受ける要素は具体的にどこからどこまでなのでしょうか？　答えは**「企てを構成する要素すべて」**です。

「企業のコンセプト」であれば事業や商品・サービスはもちろん、人事制度、採用基準、中期経営計画、組織設計からオフィスの内装、封筒のデザイン、はては社長のスーツやネクタイの色まで範疇に入ります。

「商品・サービスのコンセプト」であれば、主要な性能はもちろん、ネーミング、パッケージデザイン、広告表現、売場、営業トークから価格設定まで入ってきます。

このように企画を構成する要素すべてがコンセプトの影響下にあります。もちろん、すべての変数が「まさにコンセプトそのもの！」といえるほど色濃く体現した形である必要はなく、「まさに！」という変数から、「まあ緩やかにその雰囲気だよね」という変数まで、濃淡はあります。ただし、最初からコンセプトの存在をガン無視していい要素は基本的にはないのです。

一方で、「コンセプトを掲げただけ」で企画が勝手に素晴らしくなるわけ

ではありません。丁寧に1つ1つの変数を「オンコンセプト」に設計していくことで、全体がコンセプトにのっとって輪郭を帯びていき、結果として「際立つ」。

　一口に「企画」といっても、実態は数多くの変数の集合体として構成されています。丁寧に地道に1つずつの変数をコンセプトに照らしながら再構築することで、ほかの存在が簡単に真似することのできない、オリジナルの佇まいがそこに立ち起こり、それが相手や社会のその企画に対しての「何か好き！」を生むのです。

　コンセプトをあらゆる変数に通底させていく作業において、全体の見取り図ともいえるものとして**「コンセプトマンダラ」**というものを作成すると、企画全体がオンコンセプトに再編集できているか、わかりやすいので、おすすめです。

コンセプトマンダラ

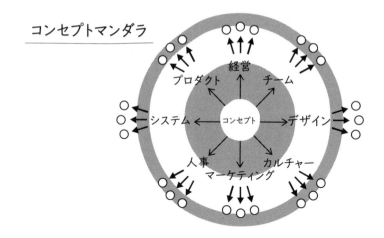

✍ 「呼び名が変わる」「意識が変わる」「中身が変わる」

　では具体的にそれらの変数にどう影響するのかと言えば、まさに**相手の人や社会における「認知」「尺度」「決定」に影響します。**そのコンセプトにのっとって考えたときに、そもそもその変数は「何なのか？」「良し悪しは何

に表れるのか？」「では、どうするのか？」。これらを大きく揺さぶれれば揺さぶられるほど、そのコンセプトは「新しい認知」を生み出せているといえるわけです。

　たとえば、ディズニーランドでは園内の従業員のことを「キャスト」という呼び名で呼んでいます。この呼び名は、夢と魔法の国というコンセプトにのっとって考えれば、園内のすべての要素はその舞台の構成要素であり、従業員も、単にそこでの自分の業務を遂行するだけでなく、「舞台の上での演者の1人」として振る舞うべきであるという、オンコンセプト発想からきています。

　さらにその中でも、掃除係のことを「カストーディアルキャスト」と呼びます。カストーディアルとは「維持する」という意味。コンセプトにのっとって言い換えると、「夢と魔法が解けてしまわないように、それらを維持する係」ともいえます。
　園内の汚れや不潔感は、実際に不衛生であるということに加えて、「夢と魔法の世界に浸っている来場者を興醒めさせてしまう」という、認知における問題を引き起こし、それはつまり「コンセプトが崩れる」事態を引き起こします。単に「実態を衛生に保つ」だけにとどまらず、その先にある、「なぜなら、夢と魔法をわれわれは維持する必要があるのだ」という意識にまで、オンコンセプトに考えることによって、ディズニーランドらしさに軸を通すことができています。

　さらに、カストーディアルキャストの中には、「ファンカストーディアル」という、パントマイムや、水に濡らした掃除ブラシで路面にミッキーマウスの絵を描くなど、お客様を楽しませる役割をも担うキャストもいます。夢と魔法を維持するのみならず、さらに「魔法の上がけ」までやってしまうわけです。
　機能やコストだけで考える人はついつい「その分、掃除しようよ」や「労働時間を短くして人件費を圧縮したほうがいいのでは？」などと議論しがちです。オンコンセプトに考えることで、誰もが考えられる「コストや売上をベースにした理論」一辺倒にならずに、「ときには利益を削ってでも行なうべき魅力づくりが何なのか？」という思考に、企画を持っていくことが可能

になるのです。

ディズニーランドの「コンセプト」
夢と魔法の国
　　　　↓

オンコンセプトを通底すべき変数
夢と魔法の国の
・アトラクションとはどうあるべきか？
・パレードとはどうあるべきか？
・食事とはどうあるべきか？
・導線設計とはどうあるべきか？
・内装とはどうあるべきか？
・立地とはどうあるべきか？
・従業員とはどうあるべきか？
　　　　↓

たとえば「従業員」という「変数」をどう変えるか？
夢と魔法の国の従業員とは、
「夢と魔法を維持・強化する、舞台の出演者の一員であるべき」である
　　　　↓

・「呼び名」のアイデア　＝　「スタッフ」ではなく「キャスト」
・「意識」のアイデア　＝　「自分のやることだけやればいい」ではなく、「夢と
　魔法の国」を、キャスト1人1人も表現の要素としてイキイキとさせる
・「中身」のアイデア　＝　掃除によって園内の「魔法」を維持するとともに、と
　きにはお客様を掃除＋αで楽しませることで、さらなる夢と魔法を魅せる

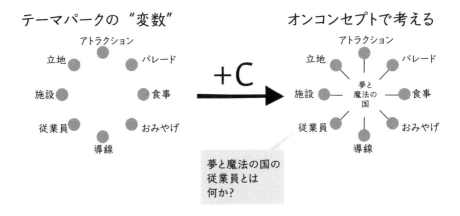

テーマパークの "変数"　　オンコンセプトで考える

アトラクション
立地　パレード
施設　食事
従業員　おみやげ
導線

+C →

アトラクション
立地　パレード
施設 ― 夢と魔法の国 ― 食事
従業員　おみやげ
導線

夢と魔法の国の
従業員とは
何か?

　この例のように
・企画を構成する変数を考えられるだけ書き出してみて
・それらの変数を「オンコンセプトに設計」する
・それによって「呼び名」「意識」「中身」が今より良くなるか。
　コンセプトにのっとって考える

「呼び名」「意識」「中身」は、コンセプトと照らすことで変わる代表的な変
数項目です。この3つとも必ずコンセプトにのっとって新しいものに変えな
いといけないわけではありませんし、これ以外にも好転させられる項目はあ
ります。ただこの3つは、それぞれ次の形で、第1章で紹介した「現実と認
知の循環モデル」と対応しています。

・「呼び名」が変わると、「その変数が何なのか?」という「認知」が変わる
・「意識」が変わると、「良し悪しを何で判断するのか?」という「尺度」が変
　わる
・「中身」が変わると、「どういう判断をすべきか?」という「決定」が変わる

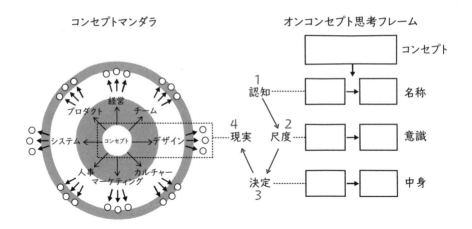

たとえば、目の前でポップコーンをひっくり返して泣いている子どもがいたときに、「掃除係」だったら、ポップコーンを片づけることだけが仕事かもしれません。でもそれが「キャスト」だったら、「泣く子どもに笑顔の魔法をかけ直すこと」までも仕事に含まれるのではないでしょうか?

　日々の1つ1つの営みと、そこでの無数の意思決定が、企画を構成し、「コンセプトの体現」につながります。1つ1つの意思決定のすべてを「社長まで上げて相談しなさい」というわけにはいきません。無数の、高速で繰り返される各変数、各従事者の「認知」「尺度」「決定」を、コンセプトによって"その企画ならではのもの"に少しずつ少しずつ角度をつけて変えていくことでしか、第2章で挙げたような「際立つ」企画はできないのです。

「コンセプトって要するに、最後にそれっぽく見せるためだけの標語のようなものでしょ?」という意見に対して、「それは違う」といえる最大の根拠はここです。

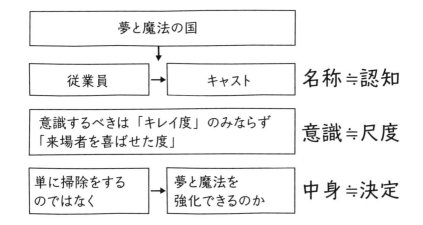

🔖 親コンセプト、子コンセプト、孫コンセプト

　ただし、大元のコンセプトを直結させようとしても、なかなかどうして、実際にどうするべきか思いつかない変数もあります。

　ディズニーランドには数多くの「水飲み場」が設置されていますが、たとえば、この変数に「夢と魔法の国の水飲み場ってどうあるべきか」と直接ぶつけて考えようとすると、どうでしょう？　けっこう難しいように感じませんか？　虹が出る？　色水が出る？　キラキラーといった効果音が鳴る？
　これらはなくはないかもしれませんが、何だか“これじゃない感”も否めない。そういうときは、間に「子コンセプト」「孫コンセプト」といった、大元の「親コンセプト」を少し噛み砕いて半径を狭くした解釈を設けることも考えてみるといいでしょう。

　実際のディズニーランドの水飲み場には有名なエピソードがあります。

　ディズニーランドの水飲み場がなぜ、子ども用と大人用で向き合っているか。子どもが大人の視界からいなくならないようにと語られがちだが、ウォルトが語った理由は、「飲料スタンドまで行かずに水飲み場で水を飲むというのは、そのお客様がよほど喉が乾いている証拠です。からからに乾いた喉を水で潤すとき、ペ

コペコに空いたおなかを食べ物で満たすとき、つまり欠けかけていた生存欲求が満たされたとき、人間は一番いい表情をします。そのいちばんいい表情を親子で共有できるなんて、最大の娯楽じゃないですか」と応えた。

——『ディズニーランドが日本に来た！ 「エンタメ」の夜明け』より——

　ここにあるように、水飲み場で「夢と魔法をかける」というコンセプトをそのまま受けるのではなく、「夢と魔法にかかって幸せな表情をしている、大切な人の顔をふと見るきっかけにする」という、間接的なオンコンセプトになっているといえるのではないでしょうか？

親コンセプト：夢と魔法の国
　　　　↓
子コンセプト
1. 夢と魔法をいかにかけるか？
2. 夢と魔法をいかに醒めさせないか？
3. 夢と魔法にかかっている幸せをいかに実感してもらうか？
　　　　↓
水飲み場という変数では、「3」の子コンセプトを引き受けて、「向かい合った水飲み台」という具体を設計

　子コンセプトは僕の推測ですが、この思考実験のように「親コンセプトを具体的なレイヤーにブレイクダウンするとどう考えられるか？」と、子コンセプト、孫コンセプトに分割して、変数と対応させるのも有効な思考法です。

　組織の場合はまさに、この子コンセプト、孫コンセプトが「組織図とそのまま相似である」のが理想の1つの形だといえるでしょう。

全社コンセプト
　　　　↓
それを受けて……
・人事部のコンセプト
・経営企画部のコンセプト

・A事業部のコンセプト
・B事業部のコンセプト
・C事業部のコンセプト
・総務部のコンセプト
・お客様相談センターのコンセプト
・R&Dセクターのコンセプト
　etc.
　　　↓
　さらに、その下に「課のコンセプト」「個別プロジェクトのコンセプト」「個人のコンセプト」が続きます

　全員で実現を目指すべき親コンセプトはもちろん重要ですが、それだけでは漠然としすぎてしまい、日々の実務と乖離が生まれ、ともするとコンセプトが「額縁に飾ってあるだけのありがたいお言葉」にとどまってしまうかもしれません。これでは毎日の仕事の「認知」「尺度」「決定」を変えられないかもしれません。

　子コンセプト、孫コンセプトを、親コンセプトの適切な翻訳として置いていく。そうすることで、コンセプトを「ちゃんと使って効果が出る道具」にしていくことが可能になります。近年、僕が経営トップの方からよく聞く相談の1つである「パーパスやミッションを設定したのはいいのだけれど、結局それで何か変わった感じがしない」というお悩みの多くは、「子コンセプト、孫コンセプトによる現場の実態との紐づけ」をしていないことによって起こっているように感じるのです。

　似たような問いとして、「コンセプトは1つの企画に複数あっていいのか？」というものがありますが、それに対する僕のアンサーも、**「複数のコンセプトの親子関係・並列関係が、コンセプトを使う"われわれ"の中で同じ認識で整理できていればOK」**です。逆に「微妙に同じことを示しているけれど少し違う言い方になっている」「読み方によっては反対のことを言っているように見えるものが複数掲げられている」みたいな状況は、見立てた本人の整理不足です。「何となく良さそうな言葉の羅列」は絶対に避けるべきなので、「まずは1つ、親になるコンセプトを決める」ことを意識するのがよいです。

コンセプトマンダラ

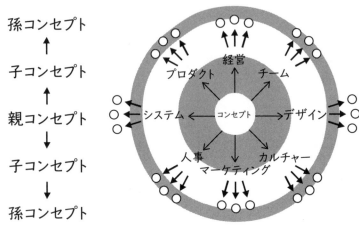

孫コンセプト
↑
子コンセプト
↑
親コンセプト
↓
子コンセプト
↓
孫コンセプト

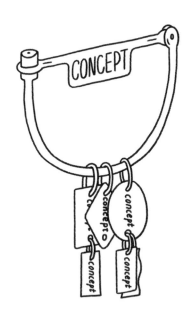

コンセプトで大いに揺らごう

⌐ オンコンセプトで「足し算」をする

「全変数のオンコンセプト化」と「コンセプトの階層整理」に加えて、「コンセプトを使って飛び地に新たなアイデアを出す」という、「遊び」を生み出すアイディエーションについてちょっとだけ考えてみます。

　第2章で出てきた「蕎麦屋のナポリタン」の逸話。「蕎麦屋ではなく出汁屋である」というコンセプト規定をしたときに、それにのっとって実際に飛び地に遊びのあるアイデアを出すとどうなるのか？

　これは、前述した「ドリルを売っているのではなく、穴を売っているのだ」という理論にも重なる発想です。この理論を世に紹介した現代マーケティングの偉人、セオドア・レビットはそれ以外に「マーケティングマイオピア」という考え方も定義し、自分たちが製造・提供する商品を中心にした近視眼的な発想ではなく、顧客が真に価値として受け取るものが何なのかを軸にしたマーケティングを提唱しました。
「鉄道業ではなく、運送業」「映画産業ではなく、エンタテイメント産業」「フィルム事業ではなく、写真産業」など、歴史上の企業たちがもし実際に手がけているアクションにとらわれずに、コンセプトをベースに自社を定義できていたら破綻衰退せずに済んだのではないかという論理を展開しました。

　同じように考えて、「蕎麦を売っているのではなく、蕎麦作りで培った"出汁へのこだわり"を届けているのだ」という、業態への「認知」をお店の中で働く人や近隣の常連さんたちに対して変革し、それによって新しい尺度で、新しい決定をしていくと、どんな「足し算」が可能になるのでしょうか？　「一般的な蕎麦屋を考えれば、アクションの中に入らないであろう内容」も、「う

ちは蕎麦屋ではなく"出汁屋"なのだから、やってもおかしくないよね」という、
バイアスを超えたアイデアが見えてきます。

「出汁屋」にオンコンセプトな足し算

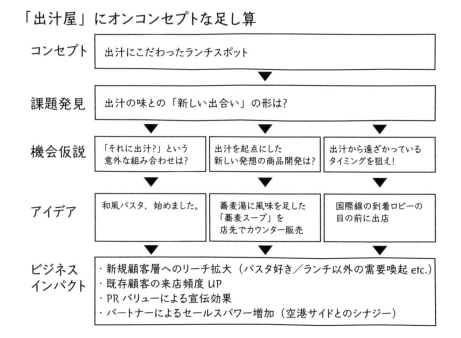

| コンセプト | 出汁にこだわったランチスポット |

| 課題発見 | 出汁の味との「新しい出合い」の形は? |

| 機会仮説 | 「それに出汁?」という意外な組み合わせは? | 出汁を起点にした新しい発想の商品開発は? | 出汁から遠ざかっているタイミングを狙え! |

| アイデア | 和風パスタ、始めました。 | 蕎麦湯に風味を足した「蕎麦スープ」を店先でカウンター販売 | 国際線の到着ロビーの目の前に出店 |

| ビジネスインパクト | ・新規顧客層へのリーチ拡大(パスタ好き/ランチ以外の需要喚起 etc.)
・既存顧客の来店頻度 UP
・PR バリューによる宣伝効果
・パートナーによるセールスパワー増加(空港サイドとのシナジー) |

　最もシンプルなアイデアは第2章でも例に挙げた「和風パスタ」のような、
出汁の価値を別のメニューに応用展開することでしょう。蕎麦屋のカレーの
ような、隠れた可能性はまだまだあるに違いありません。あるいは、蕎麦オ
ンリーで考えるとどうしてもランチかディナーか、1日ふた山の稼ぎどきに
限られてしまいますが、"出汁"と捉えることで、たとえば「おやつ」「小腹
満たし」「寒いときの温かいスープ」など、「ランチ以外の機会仮説」も範疇
に入ってくるかもしれません。
　さらに飛躍させて考えるなら、「最も出汁に飢えている人はどこにいるの
か?」という課題も発見できるし、そこを軸に「国際線の到着ロビーの目の
前に出店する」というような、それが最も美味しく感じられるタイミングを
押さえにいくアイデアも、全然あり得ますよね。そしてこれらのアイデアは
いずれも、従来の延長線上では得られないようなビジネスインパクトにつな

がる可能性を秘めています。

　ここで行なっている思考を抽象化するとこのような感じです。

コンセプトを掲げる
　　　↓
その提案が「最も喜ばれる人や場面」に思いを馳せる、探す（可能性発想）
その提案の社会的な実現を妨げる実態や、反対の現状を探す（課題発想）
※ほかの同業者が「範疇外」と思って着目すらしていないところにこそ目を向ける
　る
　　　↓
その結果、これまでのバイアスでは「この企画の相手だと思ってなかった対象」に、
コンセプトが機能するというチャンスの仮説が生まれる
　　　↓
そこからアイデアや実際の結果を産んでいく

　このような構造で発想できるのではないでしょうか。

　コンセプトによって「そもそも自分たちが何者なのか？」「この企画が何に属する企画なのか？」という根本にリフレーミングが起こり、既存の言葉や概念、枠組みでは説明不可能な存在に企画が昇華される。それに忠実に機会を探すことで、周りのプレーヤーが思いもよらない新しい機会を発見することが可能になり、結果として、既存の「〇〇屋さん」のイメージからプラスの逸脱を起こし、「自分たちだけが描けるオリジナルの社会との関係性」が出来上がる。
　これがコンセプトベースのプランニングの最も強烈な思考法の1つだといえるかもしれません。

● オンコンセプトで「引き算」をする

今度は反対に「コンセプトが見立てられたことによって可能になる引き算」の例を紹介します。

星野リゾートの最高級ライン「星のや」の客室には、大半のホテルの客室に当たり前のように設置されているテレビがありません。その理由として社長の星野佳路氏は「現代を休み、圧倒的非日常を提供することがコンセプトの星のやに、現代社会の日常の象徴ともいえるテレビは不要だと考えた」と言っています。実際に、当初は戸惑いの声も多かった宿泊者アンケートも次第に「これこそが星のやだ」と、好評の理由の1つに挙げられるようにまでなったそうです。星のやではさらに引き算した形で、チェックイン時にフロントでスマートフォンを預かる「脱デジタル滞在」という企画まで最近では行なっています。「オンコンセプトで企画を引き算することで、らしさを際立たせている」わかりやすい例です。

引き算のオンコンセプトのいいところは、コスト削減や効率UPといった、合理性の面にも好影響を生み出す可能性が高いということ。コンセプトを追求することと利益を生み出すことは、短期的には相反する可能性があるのですが、引き算のオンコンセプトは「制約と理想の両立」を生み出すコツかもしれません。

足し算と引き算を繰り返し積み重ねていくことで、その企画はオリジナルな輪郭を帯びていきます。有形無形の複数の変数の集合体である企画には、実際には目に見えるような輪郭はありません。輪郭はまさに、受け取る人の認知の中でぼんやりと形成されるのです。だからこそ、コンセプトが新たな認知を司り、人々の心の中に「企画の輪郭」を立ち表すためにも、オンコンセプトにアクションを積み重ねていくべきなのです。

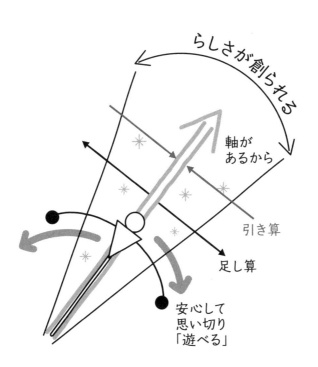

らしさが創られる

軸が
あるから

引き算

足し算

安心して
思い切り
「遊べる」

アクション（A）から始めては ダメなのか?

⌐ A起点は「大いにアリ」

　バイアス（B）、インサイト（I）、ビジョン（V）を３つの起点として、コンセプト（C）の角度を導き出し、それをもとに実際の企画の具体であるアクション（A）を考える——ここまで紹介してきた思考の手順はこうでした。では、「Cなしでも、とてもいいAが思いついてしまうことだってあるよね?」「自分は抽象的な思考が苦手なので、具体的に考えるほうが得意なのだけれど……」といった、**"Aから考えたらダメなのか論"** について、どう捉えるのがいいでしょうか?

　僕の見解は「全然OK!」。「えっ、でもそしたらCは不要ということ?」と思われる方もいるでしょう。
　僕の考え方は、「最終的には両方必要だが、考える順番はどちらからでも成立する」です。
　コンセプト（C）とアクション（A）の関係性は、平たくいうならば、**「コンセプトを"たとえばどういうこと?"に置き換えたものがアクション」** であり、**「アクションを"要するに何がしたいのか?"に置き換えたものがコンセプト」** という関係性です。

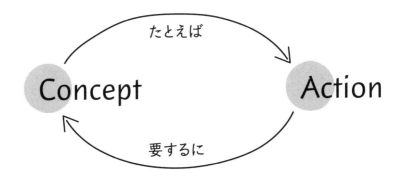

たとえば

Concept　　　　　　　　Action

要するに

　企画が続く限り、実はこのCとAは、ペアダンスのごとく、お互いに影響し合いながらくるくると舞い続けます。思考の過程、議論の過程で、何周も何周も行ったり来たりを繰り返し、お互いの切れ味が上がっていくイメージです。どちらかだけではダメだし、「どちらかを決めて、それが終わったらもう片方に着手する」ということではなく、現実は何回もの思考の往復が必要です。どうしても一方に進んでいく工程に思われがちなのですが、**イメージとしては「らせん階段を回転しながら徐々に登っていく」ような、そんな感覚を持って挑むのがよいです。**

　とはいえ、「まずどちらを起点に始めるか？」は、人によって得手不得手や、性格による相性があるように思います。ここまで紹介してこなかった「Aから考えてCに至る方法」も、少しだけ紹介します。

　アクションアイデアからいきなり考えるということは、乱暴に言い換えるなら「まずはたくさんアイデアを出してみてから考えよう」という姿勢。テーブルの上にアイデアを1ページ1案記した企画案が大量に出されて並んでいる、そんなシーンが思い浮かびますよね。
　あるいは、「うまくいくまで、変数を少しずつ変えながら、プロトタイプしたり実験したりする」ような、可能性の総当たりのようなものも少し近い感覚かもしれません。どちらも **「まず試行回数を上げる→そこから出力された結果を俯瞰して何らかの抽象化された法則なり発見なりを見出す→その発見にのっとって出されたアイデアから意思決定を行なうor再度アイデアを出力する」** といういイメージです。

アイデアの生み出し方は、それだけで何冊も本が書けるテーマなので詳しく触れることはしませんが、「アイデアとコンセプトの関係性」だけお伝えしていきます。

⌐ Aスタートで「B」に至る道

たくさんのアイデアから、バイアス（B）を発見する方法。これは「**このアイデアを考えたわれわれの中にあるバイアスを、出てきたアイデアから見抜く**」**という発想**になります。

たとえば「まったく新しいアイドルを考えよう！」という問いに対して、まずアイデアをたくさん出したとして、斬新なアイデアもあれば、「正直苦し紛れだなあ……」というアイデアも出てくるわけですが、いきなりその中から「じゃあどれにしようか！」と意思決定をするのではなく、「**はて、これらのアイデア考えているわれわれが、考えるうえで暗に"当たり前の前提"だと思っている認知って何か？**」を見抜くわけです。
「たくさんアイデアが出たけれど、これってどれも"アイドルにファンは直接会うことはできない"という前提で、考えられたアイデアだよね？」と、そんな見抜き方ができれば、その思い込みをガバッと転倒させて、「アイドルにも会えちゃう！　そんな大胆な前提で、もう1回アイデア出してみよう」という風に発想を切り替える、そんな感じです。

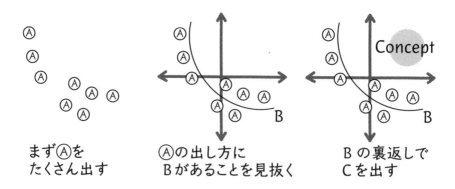

まず④を　　　　　④の出し方に　　　　Bの裏返しで
たくさん出す　　　Bがあることを見抜く　Cを出す

非常に高度な頭の使い方で、僕も毎回ここは苦しむところではあるんですが、あえて簡単な表現にするなら、次のようなことです。

　　たくさん出てきたアイデアを見渡して
　　そのほとんどに共通している要素を見つけ
　　その要素を尺度にしたときに、パラメータを対極に振ることで
　　これまであまり考えたことのないアイデアが出せるようになる

　アイドルの例に当てはめるなら、次のような思考になります。

　　たくさん出てきた「新しいアイドルのアイデア」を見渡すと
　　ほとんどが「"アイドルには会えない"という認知が前提のアイデア」なので
　　その「会えない」という要素を"会える度"という尺度にして、
　　パラメータを逆に振ると
　　「ものすごく会えてしまうアイドル」という、
　　新しいアイデアが出せるようになる

　バイアスのところでも説明した通り、バイアスを自力で見つけることは至難の業です。自分自身がアイデア出しの参加者になっているのに、さらにそれを客観的に引きで見てバイアスを見つけることはかなり難しいので、ぜひ第三者の視点を議論に組み込むことをおすすめします。ちょっと意地悪なアプローチとして、「その業界や領域に従事している歴が長い人にアイデア出しをしてもらって、自分はその様子を第三者的に見させていただいてバイアス発見することに全集中する」という方法もやったことはあります。

　あるいは、僕の所属する若者とのプロジェクトでのアプローチで、大学生たちにアイデアを考えてもらうことで、アイデアそのものにも注目しますが「そもそも彼らがどのように物事を捉えていて、どんな価値観を持っているのかを過程から透かしみる」というのも発想としては近いと感じます。

　ここでも大事なのは、「アイデアそのものの良し悪し」に注目するのではなく、**「それを思考する過程で、どのような認知や尺度、決定がその人の中にうごめいているか」という、思考する脳のほうに注目をするということ。**そこがつかめれば、

「その認知・尺度・決定をどういう提案でどう変えたいのか？」を考えることが、すなわちコンセプトになります。もちろんバイアス（B）だけで結論づけてしまうと、顧客不在のただの逆張りになってしまうので、インサイト（I）やビジョン（V）とも照らして強度を上げるべきですが、初動の仮説という意味では、すでに筋が良いものに到達できているように感じませんか？

❛ Aスタートで「I」に至る道

アクションアイデア（A）から、人々のインサイト（I）を見つける方法。それは「自分たちはそもそも**"誰のどんな気持ちをどうしたくて"考えたか？」を見つめ直す**ということです。最初から整理できたうえでアイデア出しを始めたかもしれませんが、白熱しだしたり、アイデア出しそのものが楽しくなってくると、そこが曖昧になってきたり、少しはみ出すようなアイデアも机上に出てくるはず。1人で考えるときも複数人で考えるときも、「誰のどんな気持ちをどうしたいのか？」という意識を立ち返るポイントとして忘れずにいられると迷子になりにくくなります。

そこが仮どめできているのであれば、「では、その人にとって良い未来をもたらすアイデアとは、この中のどれだろう？」という思考に移っていくわけですが、それを考えだすと自ずと、「というか、そもそもこの人はどんな人なのだろう？　何をしているのだろう？　どういう欲の持ち主なのだろう？」という論点に思考が及ぶはずです。

何個かの「筋が良さそうなアイデア」を念頭に置いたときに、どのようなインサイトがつかめれば、そのアイデアが機能するかどうかの検証ができるのか。逆算的にインサイトの探し方の半径が決まっていきます。

もちろん、「そのアイデアが通るように、エビデンスを逆算しすぎて探してしまう」という視野狭窄や、「自分の企画を前提とした視野でしかその人のことを見ようとしない」固定観念には注意しないといけません。

仮に1人、アイデアの「相手」を実在する人間で想定したときに、アイデア出しモードを一度オフにして、純粋な好奇心を持って「その人のことをも

っと知りたい」というモードにギアを変えることで、アクション（A）から
インサイト（I）にたどることは可能だと思います。その流れでインサイト
を見つけることができれば、「誰のための何の提案なのか？」という、コン
セプトの構成要素はもう揃ってきているはずです。

⚓ Aスタートで「V」に至る道

　たくさん出てきたアクションのアイデアから、**「さて、自分は本質的に何が
やりたいのだろうか？」と、ビジョンに思いを馳せてみる**手順になります。単に、
課題に対して有効であるかどうかだけで、アイデアを見ていてもビジョンは
わかりません。なぜなら、それは「客観的な思考」で判断できてしまうから
です。ビジョンとは前述の通り、企画者の主観込みの社会の理想の状態のこ
とを指します。「儲かりそうだから」「うまくやりくりできそうだから」「新
しそうだから」だけでは、まあまあいいアイデアかもしれませんが、「ビジ
ョンが入っているアイデア」とはいえません。

　ポイントは、**「自分の意思を使ってアイデアを見渡す」**ということです。「本
当にやりたい」と自分が思えているのか？　自分の倫理観や美意識に反する
ものになってないか？　自分が大事にしたいと思っている「社会」が良くな
ることにちゃんと寄与できそうか？　エゴばかりではバランスを失するかも
しれませんが、あえていうなら「ちゃんと自意識を使ってアイデアを見る」
ということも、アイデアからビジョンを透かし見るときには必要です。

　1つ、僕がよく使うフレームを紹介します。縦軸に「Feel」、横軸に「Think」
の2×2の4象限を切って、それぞれの軸の両側に「Like」「DISLike」を
置きます。

「理性でも、感性でも、良いアイデアだと思う」
「理性でも、感性でも、良いアイデアだと思わない」
「理性では良いと感じるが、感性では何か好きじゃないアイデア」
「理性では良くないと感じるが、感性が何だか好きだと感じるアイデア」

この４象限ができますね。出てきたアイデアを象限に割り振ってみたとき
に、一番、将来有望なアイデアはどこに象限のアイデアでしょうか？　理性
も感性も良いというアイデア？　もちろん、そこはいいアイデアが多く含ま
れていると思いますが、ともすると、良くない意味でのお利口さんで優等生
チックなアイデアが集まりやすいゾーンでもあります。実はあまり新奇性が
なかったり、この企画でないといけない理由を生み出してくれるわけではな
かったりするかもしれません。

　僕はいつも「何かうまく説明できないんだけど、いい感じなんだよなあ。
何かが……」という、**4つ目の「Think＝DISLike／Feel＝Like」の象限
に入るアイデアに注目します。** すぐには良さが言語化できなかったり、理屈で
考えると成立していなかったり。そのままではうまくいかなさそうだし、第
一、周りのみんなを説得できないかもしれないアイデア。

　なぜ、感性が「好きだ」と言っているのでしょうか？　それこそ、自分の
頭の中でバイアスとの摩擦による「賛否両論」が起こっている証拠だからで
す。これまでの常識で考える“Thinkの自分”が「NO」と言っているアイデ
アを即却下せず、「いやこれはちょっと臭うぞ！」と注目すること。そして、
自分はなぜそこに惹かれてしまうのか？　その「惹かれてしまう理由」を言
語化してみることで、そこに写し鏡のように「自分自身のこの企画に対して
の思いや、その先にある理想の社会」が逆説的に浮かび上がることは、僕も
けっこう体験しました。「あっ、自分が大事にしたいことって、よく考えた
らこういうことだったんだわ！　やっと言語化できた！」というような感覚。

　大事なことほど、散々回り道をして思考を重ねて、何かがコップいっぱい
になったうえである刺激を受けてあふれ出す！　そんな感覚でしょうか。「そ
こに分類されたアイデアのどこがいいのか？」という思考と同時に、「なぜ
自分はそこに惹かれるのか？」を省みてください。自分がどんな価値観を持
っていて何が好きで、社会がどうなることを望んでいる人間なのか、透けて
見えるかもしれません。
　もちろん、ここの象限のままでは、企画として成立しませんし、「コンセ
プトのない、ちょっとだけその場で笑いをとっただけのジャストアイデア」
で終わってしまいます。その象限から、右側の“理性もいいといえるアイデア”

に、どうすればシフトできるのか。その考え方が実は、コンセプトそのものだったりします。まずは「理性もOKと言える企画にどうしたらブラッシュアップできるか」を考えて、それができたら「"要するに"、今自分たちは何を変えたのか？」と、認知や尺度、決定の変わり方に名前をつけてみる感覚で、コンセプトを導き出してみてください。

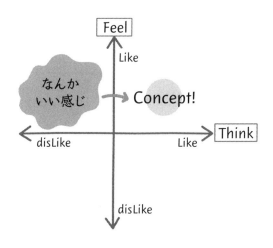

⌗ 実際は行ったり来たりの繰り返し

　以上、「具体的なアクションのアイデアから考える」場合の頭の使い方の例をいくつかご紹介しました。自分のタイプ、チームメイトのタイプ、企画の進捗状況や、どこが一番のブレイクスルーになるのかなど、企画が置かれている状況に応じて、実際は「行ったり来たり」をしながら、蛇行しながら、コンセプトの形が見出されるのだと思います。その過程には苦しみがつきものですが、実は一番楽しい時間だったりもするので、軽やかに面白がりながら、コンセプトを探り当てていけるといいですね。

コンセプト・ファーストの思考

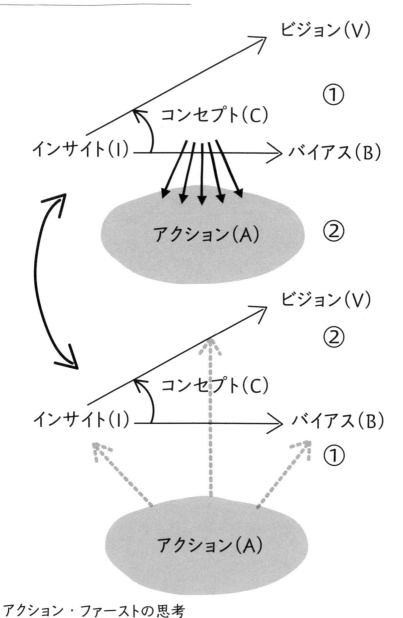

アクション・ファーストの思考

216

コンセプトの「未来」

◧ コンセプトを見直すべきタイミング

　コンセプトが決まって、企てが世の中に生み出されたあとでも、企てが続く限り、**コンセプトは「永遠のβ版」**であると僕は考えてます。言い換えるなら、その企てのコンセプトがそのままで行けるかどうかは企画者が決めることではなく、時代や社会が決めることだということ。そのコンセプトが生まれた背景にあるバイアス（B）やインサイト（I）が激変したら？　ビジョン（V）の前提として捉えていた社会の状況や人々の価値観が大幅に変わってしまったら？　そのコンセプトのままで人々の認知を揺さぶり続けることは難しいかもしれません。

　実際、コロナ禍という社会の前提を揺るがす厄災を経験した社会は、コンセプトの見直しをさまざまな場面で余儀なくされました。「サードプレイス」を掲げていたスターバックスもデリバリーを強化していましたが、「自宅に届けてしまったらサードプレイスとはいえないじゃないか？」という葛藤もあったのかもしれません。ただ、本来コンセプトとは、その企ての相手がその企てが存在しない社会よりも、より良い状態になるための方針です。コンセプトを守ることに固執して、相手の幸せがないがしろになってしまっては本末転倒。いつまでも、いつでも、自分の企画とコンセプト（C）が置かれているB、I、Vが今どうなっているのか？　関係性の大きな変化はないのか？　折に触れて見直す必要はあります。

　もちろん、コンセプトは企画を構成する要素の中でも根幹に位置する定義なので、ちょっと世の中が変化したからといってコロコロと変えることもあまりおすすめできません。人間の欲求の普遍的な部分も見据えて最初から設

定しつつ、普遍性までも揺るがすような社会の変化には敏感に向き合う。**「定めるがとらわれない」というスタンス**で、コンセプトを掲げて企画を進めるのがよさそうです。

「伝統」という日本語は本来、「伝燈」という字が元で、これは「お釈迦様亡きあとに何をよりどころにして生きていったらいいのか？」と嘆いた弟子たちに対して、お釈迦様が「私をよりどころにするのではなく、真理と、あなた方が正しい真理を追究したいと思う志をともしびとしなさい」と教えを遺したという話に由来しています。つまり、思考停止に内容を引き継いでいくのではなく、そのときそのときの自分の日常にその内容を取り込み、楽しむためのものとして見ることは良いことであり、それこそが自分が正しいと思う真理を追究することであるという意味だと、僕は解釈しています。

　実際、比叡山延暦寺の根本中堂にともり続ける「不滅の法燈」は、伝教大師が1200年前に同寺を開いてから現在までともり続けているといわれています。ともり続けさせる唯一の方法は、油を切らさず注ぎ続けること。その時代その時代を生きる新たな人たちが、常に新しいエネルギーを注いでいなければ伝燈は維持できない。そのエネルギーとなる油こそ、変化する生活に対応するための工夫であったり、時代に添った意識であったりするわけで、「油断」の語源も、この油を絶やすことからきているとされています。

一度、素晴らしいコンセプトを見立てることに成功したからといって、油断して新たな時代の空気やエネルギーを注がなくなってしまうと、たちまちその灯火は途絶えてしまう——まるで無形の、そして常に形をゆらめかせながらも芯のところは変わらない火のように、ともし続けるのもまた、コンセプトの本質なのかもしれません。

■ 究極、社会に溶けていく

　この章の最後に、「コンセプトはパクられるのではないか？」という懸念について、少し触れます。言葉として掲げられたコンセプトは、正直すぐに「うちもこのコンセプトでやろう」というようにパクることはできてしまいます。ただ、この本をここまで読み進めてきたあなたならもうおわかりかもしれませんが、コンセプトとは「どんな言葉を掲げるか」という表層の話ではなく、企画の当事者の価値観や社会的な理想、その背景で感じていたこれまでの人生の体験に基づく違和感や義憤、夢や希望をすべて煮詰めた結晶です。その過程をすべてすっ飛ばして、結論だけをパクったところでおそらく、まずパクっている人はそのコンセプトを「パクりきれない」ということが起こるはずです。
　具体的には、次のようなことです。

「オンコンセプトにしていく過程でボロが出て、利益優先に走って"蕎麦屋のナポリタン現象"に陥る」
「自分自身、オンコンセプトを完遂するモチベーションがないので、平気でコンセプトやぶりをしてしまう」
「背景の思考や思い入れが浅いため、チームメイトに伝える迫力が出ず、仲間の行動を変革することができず、日々の積み重ねがオンコンセプトにならない」

　もちろん、模倣は創造において重要な行為だと思いますし、「純粋に完全にオリジナルなコンセプト」というのも、人間のこれまでの認知を土台に考える以上、あり得ないことは前提です。ただ、繰り返し強調したいのは、コンセプトとは単なる言葉ではないし、そんなコンセプトが機能するということは、日々の意思決定の無数の積み重ねが、新しい認知と尺度によって、新

たな角度にすべて切り替わっていくことを指すということなのです。

そして、**本当に優れたコンセプトは、パクられないどころか、社会全体の新たな価値観や考え方として、持ち主の手を離れて普及していきます。** スターバックスもシャネルもAppleも、もともとは一法人が自己を方向づけるために掲げたコンセプトだったかもしれませんが、今やその法人の持ち物という枠を超越し、手を離れ、その法人とのかかわりがあるかどうかすら越えて、人々や社会の持ち物として「私たちが望むここではないどこかとは、こういう未来である」ということを指し示しています。

それはつまり「世の中のもの」になるということです。そしてそれは、そのコンセプトでは差別化ができなくなってしまったということではなく、人類社会の普遍的な認知を最初に提唱した震源地として、その企てが長く深く存在感を放てるということだと思うのです。

いわば、コンセプトは最後に「透明」になるということでもあります。コンセプトに基づいて企画のすべてを体現できた場合、もはやコンセプトはそれ単体として伝える必要はなく、「醸し出されているもの」になります。つまりこれは「コンセプトなんてものを意識させなくても、伝えたいこと、感じてほしいことがすべて体現できている」という状態で、意識しているのはビジネス視点で裏話を勉強している人だけという状態です。「何か好き」は、企画の相手にとって言語化されなくともよいということの言い換えでもあります。

僕はコンセプトの一番の存在意義は「自分の理想と、他者や社会の現実を、どちらも曲げずに共通のベクトルに揃えること」にあると思っていますし、それはつまり「自分自身がこの社会で自由に生きること」に直結する技術だと思っています。 そういう意味では、僕はコンセプト・センスはまさにリベラルアーツ＝解放のための感性だといえると思っています。それまでの古い約束や、その約束にのっとって生じている事情や都合、前例、思い込みから、自らと自らにかかわる人々を解放するための技術だと思っています。

自分が望むこと、したいこと、理想だと思っていることは何か？
それが自分以外の誰かにとっても、どう良いことなのか？

それはほかの誰かがやっていることと、どう異なる良さを持っているのか？

　ビジネスとはまさに「他者とのかかわり」の塊であり、それを良き方向にシフトする企画は、自分と他者の関係性のデザインでもあります。そう考えると、コンセプトには、言い出しっぺこそいますが、「持ち主」などそもそも存在せず、社会で分け持たれて初めて機能するのかもしれません。本書でこれまで見てきた素晴らしいコンセプトの数々のそのほとんどが、誰かと誰かの新しい関係性の定義になっていたのもそのためかもしれません。

　自ら新しい意味を見立てられる人だけが手にできる自由があると信じて、コンセプトをぜひ考えていただけたらうれしいです。

第5章のまとめ

コンセプトマンダラ

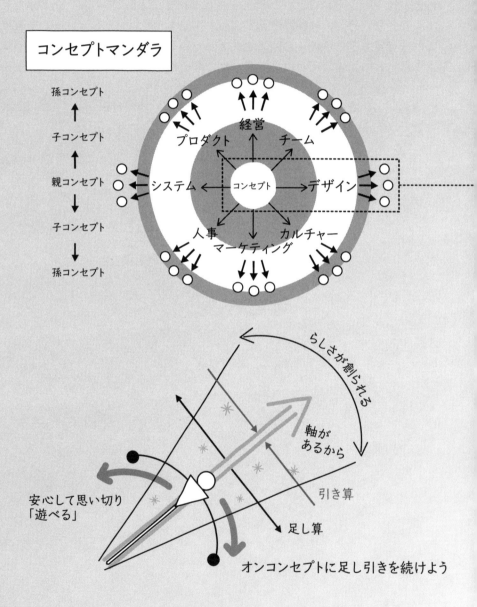

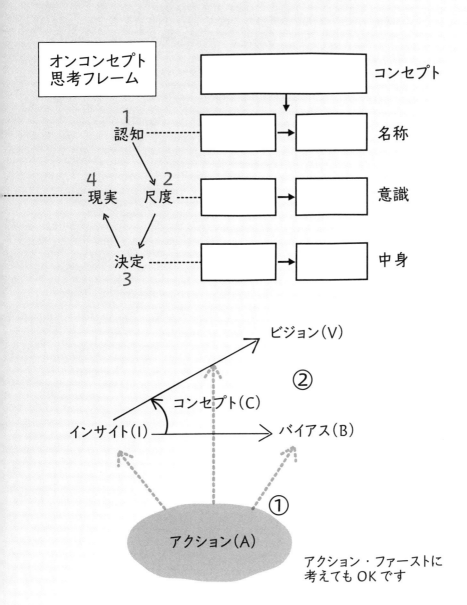

オンコンセプト
思考フレーム

コンセプト

1
認知 ────── 名称

4   2
現実   尺度 ────── 意識

決定 ────── 中身
3

ビジョン（V）

②

コンセプト（C）

インサイト（I）──────→ バイアス（B）

①

アクション（A）

アクション・ファーストに
考えても OK です

- コンセプトは「企てを構成するすべての要素」に関係する。コンセプトマンダラを策定し、要素1つ1つをオンコンセプトに編集していく。

- コンセプトが機能することで、その企画の変数の「呼び名が変わることで認知が変わる」「意識が変わることで尺度が変わる」「中身が変わることで決定が変わる」

- すべての要素をオンコンセプトにするために、場合によっては「親コンセプト」だけでなく、そこに具体的な解釈を加えた「子コンセプト」「孫コンセプト」を階層的に定義することはあり得る。

- オンコンセプトに要素を編集する方法には「足し算」と「引き算」がある。

- アクション＝Aから先に考えてコンセプトを見立てる方法も十分有効。実際は、行ったり来たりの試行錯誤をするしかない。

- コンセプトは「永遠のβ版」。見直すべきタイミングは、時代や社会が決める。

- コンセプトは単に「言葉を掲げる行為」を指すのではなく、「企ての当事者の人生の体験に基づくさまざまな価値観や思想、感情の結晶」である。言葉を表層的にパクることはできても、それを真に駆動させることは難しい。

- コンセプトは究極的には、企てをした当事者の手を離れ、社会に溶けて透明になる。

第 6 章

実録!
コンセプト・デザイン

ここでは、実際に僕が手がけた

コンセプト・デザインのプロジェクトを題材に

どのような思考をたどって、どのようなコンセプトを見立て、

それが何にどのようなことをもたらしたのかを

できる限り、ご紹介します。

世の中一般のメジャーな事例の紹介以上に、

内幕に迫った（？）コンセプト・デザインの現場の温度も含めて

ご覧いただきたいと思います。

ケース紹介をご快諾いただいた

株式会社ウィゴーの園田恭輔社長には

感謝です。いつもありがとうございます。

法人としてのウィゴーのコンセプトは、どうあるべきか?

⌐ ウィゴーはどこから来て、どこに向かうのか?

　2019年、創業25周年を迎えた株式会社ウィゴー。新社長に就任された園田恭輔社長からのご相談でプロジェクトは始まりました。

　ウィゴーを、ファッションの会社にとどまらない、カルチャーやライフスタイルも含んだ会社にアップデートしていきたい。

　当初、そんなご依頼の内容だったと記憶しています。
　1994年に大阪でたった３坪の古着屋からスタートして、若者ファッションの代表格にまで成長したウィゴーが、これからどこに向かうべきなのか?　「ここではないどこか」とはどういう状態を目指すことなのか?　コンセプトデザインがスタートしました。

⌐ ディスカッションの繰り返しで、視野をストレッチ

　まず行なったのは、社長の園田さんとの徹底ディスカッションです。
　コンセプトを使う「われわれ」であるウィゴー側からは園田さんをはじめとした経営幹部の皆さん数名。それに対して、客観的な視点でバイアスとインサイトのジレンマを探す伴走役として、僕と、コピーライターの魚返洋平さんをメインとしたチームでお相手をします。園田さんの中には「何となくこのようにしたいけれど、まだうまく言語化はできていない何か」があるように感じていた僕は、主に彼の中にある「まだつかめていないビジョン」を探るモードで対話を重ねました。

ウィゴーを通じて本当になしたいことは何か？

一番、向き合っていきたい誰か、とは誰なのか？

ここまでやってきて、自分たちの存在に一番感じているユニークネスは何か？

社会がどうなったら、この会社は解散してもいいと思えるか？

新社長として、変えていきたいことと、変わらずにいきたいことは何か？

理性と感性。事実と仮説。主観と客観。

いろいろな行ったり来たりを、緩やかな計画は持ちつつも基本的には非構造的なディスカッションを重ねることで、何度か繰り返しました。その過程で「今回、コンセプトを見立てるに当たって、視野に入れるべき概念領域はどこまでか？」という、バイアスとインサイトの視野のストレッチを行なっていきました。

そもそも、服とは何なのか？

アパレル業とは何か？

若者とは何か？

個性とは何か？

原宿とは何か？

買い物とは何か？

ファッションブランドとは何か？

ストリートカルチャーとは何か？

「どうやったらもっと売り上げが伸びるのか？」といった議論はほぼせず、「なぜわれわれは存在しているのか？」「われわれが存在している社会と、存在していない社会は、何が変わるのか？」「存在することで、誰がどう、今より幸せになるのか？」——そういったレイヤーで、議論に参加するメンバーの解像度を上げていきました。

⌐ ブレイクスルーは「ムカついてること」から

　ディスカッションをしながら、並行して魚返さんによるコンセプトの「言語化」も行ないました。

　　ディスカッションして、視野を広げ仮説を模索し
　　それを言語化して複数のコンセプト仮説に仕立て
　　次のディスカッションの場に持っていき、園田さんからコメントをもらい
　　そのときの感触を土台にディスカッションを行ない……

　これを繰り返しながら、並行して、「社会」の観察を行なうことで、議論の解像度を上げる。その過程で、のちのブレイクスルーの着火点になる問答にたどり着けた瞬間がありました。

「園田さん、このお仕事をされていて、ムカついていることってありますか?」

　何かの流れでこの質問を僕から投げかけたところ、「ムカつくわけではないんですが、違和感を感じることはあって……」と、モヤモヤを1つお話してくださいました。
　アパレル業界では、そのブランドの方針や、未来のトレンドの方向性を定めるクリエイティブディレクターという立場の役職があるのですが、「トレンドを決めるのはクリエイティブディレクターに決まっている」という**業界の常識に、どうにも違和感を感じるというのです。園田さんは、ファッションやカルチャーの未来のあり方は、クリエイティブディレクターの頭の中にあるのではなく、若者たちの日々の遊びや悩みの中にあると考えていて、そんな1人1人のすべての個性を、ウィゴーは「最高じゃん!」と背中を押したい。**若者たちのあらゆる「やってみたい」「なってみたい」という気持ちを、最初に受け止めるエントランスのような存在でありたい。そのような話をしてくれました。

「誰か、限られた少数の人がトレンドカラーを決めて、みんながそれに倣うのって、変だなあ」「そしてそれを当然のこととしているこの業界の考え方って、思い込みなんじゃないかな」

園田さんが感じているバイアスを「ムカつくこと」という、ジレンマを探索する問いから、ビジョンが一気に、言語化された瞬間でした。

　インサイトの観点から考えても、2010年代終盤は若者たちにとって、つながりのうれしさが一巡して、踊り場に達していました。2017年に「インスタ映え」が新語・流行語大賞になり、SNSによるつながりの形は当たり前になり切っていました。「いいね」を求める欲求がどんどん顕在化する一方で、他者からの承認ありきの毎日に対しての、疲れや違和感の声も徐々に顕在化していました。
　人にどうウケるか？　「いいね」がつくか？　賛同を得られるか？
　そういった顕在化する声の陰で、「本当はもっと、自分の思うような自分らしさに正直にありたい」という欲があるのではないか？　僕のそのインサイトの見立てと、園田さんのビジョンは、一直線の同じベクトルを形成できると思ったのです。

「きっとこのあたりにコンセプトはあるはず……」と、徐々に的が絞られていく最中、魚返さんから、コンセプトの素体ともいえる考え方がもたらされました。

　　普通のアパレルブランドは、お客様がブランドのファンになる。
　　でもウィゴーがやりたいことは要するに、ブランドがお客様のファンでありたいということなのではないか？

　この考え方で、バイアスのひっくり返し方が捕まえられたと確信しました。ここまでの議論をコンセプト構文に当てはめて振り返るとこんな感じでしょうか。

今の時代の若者 は本当は

もっと 自分の思う自分らしさを
そのまま肯定 したいのに

アパレル業界 の常識である

自己表現のあり方は
クリエイティブディレクターが
決めるという考え はそれを見落としている

だからわれわれは

まずウィゴーが
若者のファンであろう という

コンセプトで

さまざまな自分らしさに
出合えるエントランス を提供する

その先に

ウィゴーを入り口に
新しい自分らしさに出合える
ライフスタイル をデザインし

人の数だけ、フツーがある
面白いことだらけな 社会の実現を目指す

バイアス（B）、インサイト（I）、ビジョン（V）をともなって、コンセプト（C）が見えてきました。そして、Cがつかめたうえで、ここまでのディスカッションのほぼ毎回、魚返さんが持ち込んだコーポレートスローガン案を再度見渡してみたところ、「YOUR FAN」という言葉が、実は2回目あたりの議論のときに出されていたことに立ち返れたわけです。

コピー単体ではつかみ切れなかったその言葉の可能性が、B・I・V・Cが構造化できたうえで見返すことによって、まったく違う「認知」として見えてくる。そして、最終的に園田さんはその「YOUR FAN」を、新生ウィゴーの法人としてのコンセプトの具現として、コーポレートスローガンに採択されました。

YOUR FAN

フツーなんて、人の数だけあっていい。そういう未来を、WEGOは目指します。ここに立ち寄った人、ここではたらく人、その一人ひとりのかっこよさをリスペクトしたい。そこで生まれる情熱を糧にする会社でありたい。そう、WEGOは「あなたのファン」でいたいと思う。わたしたちの仕事は、ファッションやカルチャーやライフスタイルを、いろんな方法でかき混ぜ、組み合わせ、新しい価値を見つけること。そうやって街を、世の中を、もっとにぎやかに彩ること。そのために、あなたが欠かせないのです。遊び心を忘れなければ、この世界は、おもしろいことだらけ。時代が変わるなら、その変化さえ一緒に遊んでしまおう。WE。わたしたちは。GO。進み続けます。最高に楽しいものは、いつだって道の途中にあるってことをもう知っているから。

WEGO
YOUR FAN

⌐ 「YOUR FAN」なウィゴー、発展中

顧客がブランドのファンになるという、アパレル業界のバイアス（B）
それが見えなくしていた、どんな個性でも肯定してほしいというインサイト（I）
その先にある、人の数だけフツーがある社会というビジョン（V）

バイアス（B）、インサイト（I）、ビジョン（V）から見えてきたコンセプト（C）
とともに、法人としてのウィゴーの人格は再定義できました。定義の次は、
実際にその定義を実態に変えていくフェーズになります。ここで、アートディ
レクター古久保龍士さんもチームに加え、認知から尺度、決定、そして現
実を1つ1つオンコンセプトに変えていきました。

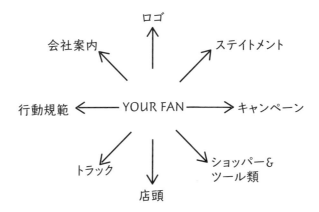

コーポレートロゴ、社員向けの行動規範、店頭、ショッピングバッグ、キャ
ンペーンの企画方針からデザイン、そして商品運送用のトラックのラッピン
グまで。企業活動の隅々まで、「それはコンセプトの体現になっているのか」
を問いとして、見直していきます。

コンセプトをコアに置いた、ウィゴーの変革はまだまだ発展途上で、その
間にもコロナ禍が起こり、大変な時期を乗り越えて現在に至っているウィゴ
ーさんですが、だからこそコンセプトがあってよかったと、園田さんには言

っていただいております。

　「このコンセプトが決まったことで、これからウィゴーが何をしていくべきなのか。社員のみんなにとってとてもわかりやすくなりました。日々仕事をしていると、どうしても無難なほうへ流れてしまいそうになりますが、"もっとこうしないといけない"と、踏みとどまる源泉にコンセプトがある感覚です。コンセプトの一言のみならず、行動指針や、各種の枝葉が、根っこから広がっているので、それらの具体によって日々の活動がより明確に方向付けられるようになり、社外の取引先やステークホルダーの皆様にも、要するに自分たちが目指すのはこういうことなのだ！という思いが説明しやすくなりました。」
　　株式会社ウィゴー　代表取締役社長　園田恭輔さん　コメント

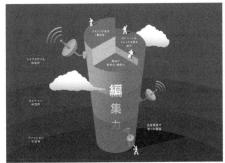

オンコンセプトな「企業の基本戦略」

オンコンセプトな「従業員の行動指針」

オンコンセプトな「店舗デザイン」

オンコンセプトな「ショッパーバッグ」

オンコンセプトな「商品搬送トラック」

株式会社ウィゴー
第二創業プロジェクト
スタッフリスト

クリエイティブ・ディレクター /
コピーライター
魚返洋平

アートディレクター
古久保龍士

プランニングディレクター
吉田将英

「遊び」は「優しさ」に、そして「新しい強さ」へ
〜あとがきにかえて〜

　「ここではないどこか」への羅針盤として、コンセプト・センスについて考えてきた本書も終わりが近づいてまいりました。今、僕はエースホテル京都で「あとがき」を書いています。

　1999年にシアトルで創業されたエースホテル。もともとは創業者が、音楽仲間がツアー中に滞在できるように古いビルを改修し宿をつくったことから始まり、2023年現在、全世界で10軒のホテルを展開し、そのどれもが現地のコミュニティと結びついて、音楽やアートのイベントを催し、ローカルと旅人が集い交わる場所になってきた歴史を持っています。
　日本初上陸が2020年の京都で、1926年築の旧京都中央電話局を隈研吾氏の監修で再開発した「新風館」に埋め込まれる形で開業しました。
　コンセプトの「East meets West」の言葉の通り、ポートランド発のサードウェーブコーヒー「Stumptown Coffee & Roasters」の隣を、民藝の流れを汲む染色作家である柚木沙弥郎氏のオリジナルフォントによる案内サインが彩るといった、京都にありながらこれまでの京都にはなかった新たな風合いを街にもたらしているホテルで、コンセプトフェチの僕のお気に入りの宿です。

キーカバーにコンセプトの手書きメッセージ

エースホテルのコンセプトはほかにもいくつか掲げられていて、

「Old & New」
「Together but Apart」
「Local × Worldwide」
「Private × Community」

などなど、一見すると二律背反に見える概念の「間」に新しいあり方を見出すというその美意識こそが、大元のコンセプトともいえるかもしれません。「あちらが立てばこちらが立たず」と多くの人が思い込んでいるところに疑いを持ち、軽やかに第3の解となるコンセプトをかかげ、人々が集う新たな渦を生み出す。まさに僕がコンセプトにおいて理想としているあり方です。

コンセプトの最大の効果を「遊べる」ようになることだと本書では定義しました。日々の心に遊びが持てると、かかわる人々の頑なさを解きほぐし、「そういうのもありかもね!」と、新しさを受け入れることが可能になります。
そう、遊びは、優しさになるんです。
そして、これからの時代に求められるのは、そんな「優しいコンセプト」だと思うのです。「これじゃなきゃダメ」とか「ほかのどれも全然クソだ!」と主張するような、他者を蹴落とし抜きんでんがためのコンセプトではなく、多くの人が苦しんだり悩んだり、そのバイアスのせいで対立構造に陥ってしまっているようなこれまでの古い約束を破棄し、次の地平に社会を連れて行く、遊びと優しさを帯びたコンセプトが好きなんですよね。

残念ながら、優しさとは逆の「分断」という言葉も、日に日に目にすることが増えています。「そんなの自分には関係ないだろ」をいかに乗り越えるか。そこには「コンセプトによる力の結集」が必要です。
今ビジネスにおける「売上追求」が、どうにもそれだけではうまく機能しなくなっているのは、売上追求が他者との対立を前提に含んでしまうから。戦後復興を遂げ、世界第二位の経済大国になったあたりから、もしかしたら

お金儲け以外のコンセプトを社会単位で見つけられずに苦しんでいるのが、この国の現実なのかもしれません。「失われた30年」って、何が失われたのかといえば「コンセプトを起点にものを考えて行動するマインド」とすら思ってます。

　ChatGPTは「正解」の品質を民主化するかもしれない。だからこそ、人間には「感情」や「意志」を自ら自発的に生み出せるかが、これから問われるようになると、息子を育てていると感じるのです。「どうするべきか」ではなく「どうしたいのか」。それをただ一方的なわがままで終わらせずに、いかに相手と社会と相利の関係に昇華できるか。あちらもこちらも立てて、「ここではないどこか」とはどこなのかを、嘘や忖度、事情や都合への適応を超えて、思うがまま考えられるといいなあと思います。

　ふと、僕がとあるプロジェクトで大変お世話になった、奄美大島で15年以上も前からコミュニティFMの放送を続けているNPO法人ディ！代表の麓憲吾さんのお話を思い出します。

愛の反対語は、正義だと思う。正義って、人を「あっち側」と「こっち側」に分けるでしょ。分けることから、よくない事が起こる。どうやって、「あっち側」と「こっち側」を作らないでひとつになれるか。そのためにラジオをしまっちゅの皆さんに届けてきたんですよ。

　島の中にも、「街と集落」「ずっと残った人と、東京から戻ってきた人」「世代」など、いろいろな「あっち側とこっち側」がある。そこに向き合ってきた麓さんの優しさと覚悟が一言ひとことから感じられて、「価値観を単一化することで1つになる」のではなく、「違いを違いのまま尊重して土俵にあげて、お互いを理解しあうために、緩やかに分け持てる価値観は何か？」ということだと感じます。そのために、戦略や課題解決よりも、もっと手前の、もっと遊び幅を新たに見出すことができる、コンセプトが役に立てると信じています。

　日本という国ひとつとっても、100年以上続いている企業が世界で最も多く存在し、「島国ゆえの独自の価値観や哲学」「大国とうまくやってきた歴史で培ったアレンジ力やリミックス力」は僕は大好きです。何より、人間以外

の生物や、無機物や自然現象すらにも人格を見立てる多神教的・アニミズム
の世界観は、すべての存在に尊重すべき人格が存在し、それを対立させるば
かりでなく共栄させるための方法を模索するという、とてもコンセプト・セ
ンスな文化背景を持っていると思うのです。

　岡本太郎は僕が尊敬するコンセプターの1人ですが、一番好きなエピソー
ドが「太陽の塔」に関するものです。太陽の塔は1970年の大阪万博の最大
のシンボルの1つとして、岡本太郎に依頼されたものです。大阪万博そのも
ののコンセプトは「人類の進歩と調和」。当然、岡本太郎はそのコンセプト
にそぐうものを期待されたわけですが、そこに彼は疑義を呈します。

つまりは、進歩とは何か。
逆に我々、本当の自分の生き方、
自分の生命の全体性、
それから肉体の全体性を
失っていると。
私は本当に進歩に疑問を持っている。
　〜映画「太陽の塔」より〜

　未来的なパビリオンが居並ぶであろう万博の外に当時、どんな日本が広が
っていたか。欧米に追いつけ追い越せで高度経済成長を遂げる一方で、公害
問題に象徴されるような歪みが明るみになりつつありました。また、単なる
西洋文化の追従でもなく、かといって五重の塔のような日本の伝統に逃げ込
むわけにもいかず、その二択のいずれにも、解がないように岡本太郎は考え
ます。日本人が長年憧れてきた西洋風のカッコよさか、その逆の「日本調」か。
いずれの考えも吹っ飛ばしたものを岡本太郎は指向します。

五重の塔ではない日本。ニューヨーク、パリの影でない日本。

太陽の塔の思想について、実際に岡本太郎が言及した言葉です。縄文土器までさかのぼり、呪術的な禍々（まがまが）しさ、剥き出しの生命力から着想を得た太陽の塔が表現したものは、狩猟時代の誇らかな生き方であり、「原始社会の尊厳」であり、「生命力のダイナミズム」でした。直線的で、洗練されていて、しかしどこか平板で似たり寄ったりの未来が並ぶ万博パビリオンから「未来とはこういうものだ」というバイアスを見つけ、そこに提示した角度が『縄文の心を思い出せ！』というコンセプトなのではないでしょうか。

50年以上が経った今、当時の会場であった大阪府吹田市の万博記念公園に残っているのは、太陽の塔だけです。いかに当時の知識人たちが眉をひそめても、周りのパビリオンから浮いたとしても、**自分の審美眼をもって、何を〝良い〟とするかを、世に問うこと。そんな強くて後世に残るコンセプトをつくることも、すべては私たちの「ここではないどこかへ」という違和感がスタートなのだと思うのです。**

この本は、終始「人間」の話をしてきました。人間が何に違和感を感じ、何を当たり前だと思い、どんな気持ちを自分でも気づかずに押し殺し、どんな理想に想いを馳せるのか。ずーっとずーっとずーっと、人間の話しかしていません。

アルフレッド・アドラーいわく、人間の悩みは、すべて対人関係の悩みだそうです。であれば、コンセプトを拠り所に、人間と人間の関係性を今とは違う新たな優しい地平に進めることができれば、人生はかなり、楽になるということです。遊びのある佇まいから、優しさを生み出すこと。それが、これからの未来に必要とされる、新しい強さだと僕は考えています。

執筆に際してインタビューにご協力いただいたコンセプトの達人のみなさん。本文内容にアドバイスをいただいたみなさん。事例の掲載のご協力頂いた皆さん。多くの優しさのおかげで書き切ることができたことを、心より感謝申し上げます。そしてなにより、激動の日々の中で執筆の時間と労力を捻出できたのは妻のおかげであり、その間もご機嫌に健やかに暮らしてくれた息子のおかげです。2人の優しさと強さあっての執筆でした。

加えて、この本は僕がこれまでお世話になってきたコンセプトの巨人たちの肩の上でたまたま僕がまとめるタイミングをいただいたと思って書きました。そして、この本もまた、誰かが乗る次の「巨人の肩」の一端になれたらうれしく思います。

　あるいは、この本の内容が、次の「壊されるべきバイアス」として、新たなコンセプトを生み出すきっかけになれたら、それ以上にうれしいことはないですし、読んでくれた皆さんの認知を変え、尺度を揺さぶり、これまでできなかった決定を、少しだけ角度をつけてやってみようと思えるきっかけになったら幸いです。「ここではないどこか」を目指す同志として、みなさんとここからともにコンセプトルネサンスを起こしていきたいので、ふとした感想から講演のご依頼まで、「X（Twitter）」などで声をかけてくれたらとてもうれしく思います。

　最後になりましたが、皆さんのこれからの「ここではないどこか」への航路が幸多からんことを心よりお祈りして、この本を終わりたいと思います。優しいコンセプトが、強さを生み、そんな人こそが自由になれるのだと信じて。

May the concept be with you.

吉田将英

◧ 参考文献

書 籍

『日本の美意識で世界初に挑む』(細尾真孝、ダイヤモンド社、2021年)

『WHYから始めよ！ ──インスパイア型リーダーはここが違う』(サイモン・シネック、日本経済新聞出版、2012年)

『老舗の流儀 虎屋とエルメス』(黒川光博・齋藤峰明、新潮社、2016年)

『コンセプトのつくり方』(山田壮夫、朝日新聞出版、2016年)

『きみの人生に作戦名を。』(梅田悟司、日本経済新聞出版、2022年)

『Who you are ──君の真の言葉と行動こそが困難を生き抜くチームをつくる』(ベン・ホロウィッツ、日経BP、2020年)

『笑える革命 ──笑えない「社会課題」の見え方が、ぐるりと変わるプロジェクト全解説』(小国士朗、光文社、2022年)

『コンセプトメイキング ──変化の時代の発想法』(高橋宣之、ディスカヴァー・トゥエンティワン、2007年)

『突破するデザイン』(ロベルト・ベルガンティ、日経BP、2017年)

『異彩を放て。 ──「ヘラルボニー」が福祉×アートで世界を変える』(松田文登・崇弥、新潮社、2022年)

『「ない仕事」の作り方』(みうらじゅん、文春文庫、2018年)

『レゴ ──競争にも模倣にも負けない世界一ブランドの育て方』(蛯谷 敏、ダイヤモンド社、2021年)

『ビジネスの未来 ──エコノミーにヒューマニティを取り戻す』(山口 周、プレジデント社、2020年)

『ニュータイプの時代 ──新時代を生き抜く24の思考・行動様式』(山口 周、ダイヤモンド社、2019年)

『マイノリティデザイン ──弱さを生かせる社会をつくろう』(澤田智洋、ライツ社、2021年)

『マーケット感覚を身につけよう ──「これから何が売れるのか？」わかる人になる5つの方法』
(ちきりん、ダイヤモンド社、2015年)

『世界観をつくる ──「感性×知性」の仕事術』(山口 周・水野 学、朝日新聞出版、2020年)

『ジョブ理論 ──イノベーションを予測可能にする消費のメカニズム』
(クレイトン・M・クリステンセン、ハーパーコリンズ・ジャパン、2017年)

『スープで、いきます ──商社マンがSoup Stock Tokyoを作る』(遠山正道、新潮社、2006年)

『岩田さん ──岩田聡はこんなことを話していた。』(ほぼ日刊イトイ新聞、株式会社ほぼ日、2019年)

『世界をつくった6つの革命の物語』(スティーブン・ジョンソン、朝日新聞出版、2016年)

『SHIFT:イノベーションの作法』(濱口秀司、ダイヤモンド社、2019年 ※電子書籍のみ)

『会話を哲学する ──コミュニケーションとマニピュレーション』(三木那由多、光文社新書、2022年)

『新装版「エンタメ」の夜明け ──ディズニーランドが日本に来た日』(馬場康夫、講談社+α文庫、2015年)

『世界史を俯瞰して、思い込みから自分を解放する 歴史思考』(深井龍之介、ダイヤモンド社、2022年)

『センスは知識からはじまる』(水野 学、朝日新聞出版、2014年)

『僕は君たちに武器を配りたい』(滝本哲史、講談社、2011年)

『センスメイキング』(クリスチャン・マスビアウ、プレジデント社、2018年)

『柚木沙弥郎のことば』(柚木沙弥郎ほか、グラフィック社、2021年)

『コンセプト・メーキング 私の方法』(坂井直樹、産能大学出版部、1991年)

『自分の中に毒を持て〈新装版〉』(岡本太郎、青春文庫、2017年)

『ふたつめのボールのようなことば。』(糸井重里、ほぼ日文庫、2015年)

『ウォルト・ディズニーに学ぶ七転び八起き経営』(パット・ウィリアムズ、ネコパブリッシング、2006年)

『茶 利休と今をつなぐ』(千 宗屋、新潮新書、2010年)

『星野リゾートの教科書』(星野佳路、日経BP、2014年)

『HARD THINGS』(ベン・ホロウィッツ、日経BP、2015年)

『アラン・ケイ』(アラン・C・ケイ、アスキー、1992年)

『ディズニー 夢の王国をつくる』(マーティ・スクラー、河出書房新社、2014年)

『ぼくとビル・ゲイツとマイクロソフト ──アイデア・マンの軌跡と夢』(ポール・アレン、講談社、2013年)

『スターバックス成功物語』(ハワード・シュルツ、日経BP、1998年)
『シャネル ──人生を語る』(ポール・モラン、中公文庫、2007年)
『コンセプトのつくりかた』(玉樹真一郎、ダイヤモンド社、2012年)
『スペクテイター最新号(50号)特集:まんがで学ぶ メディアの歴史』(有限会社エディトリアル・デパートメント、2022年)
『天才の思考　高畑勲と宮崎駿』(鈴木敏夫、文春新書、2019年)
『「課題先進国」日本─キャッチアップからフロントランナーへ』(小宮山宏、中央公論新社、2007年)
『世界を変える寄り道　ポケモンGO、ナイアンティックの知られざる物語』(川島優志、日経BP、2021年)
『T.レビット　マーケティング論』(セオドア・レビット、ダイヤモンド社、2007年)

Webサイト

スノーピーク　コーポレートサイト　https://ir.snowpeak.co.jp/business/
ダイヤモンドオンライン『「電波少年」の土屋Pが断言！　報連相からイノベーションは生まれない』
https://diamond.jp/articles/-/295667
現代ビジネス『「ありえない、いらない、ウケない」は大歓迎──星野リゾート、反対を"快感"に変える「独自スタンス」』
https://gendai.media/articles/-/45966
映画『太陽の塔』　https://taiyo-no-to-movie.jp/
GQ Japan「AKB48プロジェクトの創造者、秋元 康が、いまの日本の、おもしろさを語る」
https://www.gqjapan.jp/life/business/20120305/akb48
YOLU 夜間美容　https://yolu.jp/
神山まるごと高専 オフィシャルサイト　https://kamiyama.ac.jp/
慶應義塾大学湘南藤沢キャンパス オフィシャルサイト　https://www.sfc.keio.ac.jp/

🔖 制作協力者

コンセプトにまつわるインタビューに
ご協力いただいた皆様

阿部広太郎さん

牛久保暖さん

神原一光さん

国見昭仁さん

高橋晋平さん

津田賀央さん

横石崇さん

事例掲出にご協力いただいた皆様

園田恭輔さん

魚返洋平さん

古久保龍士さん

本文に関する
ご意見をいただいた皆様

大須賀亮祐さん

川口真実さん

小林るりさん

柴田賢人さん

嶋宮紗希さん

鍋島純一さん

波平雪乃さん

山崎栞奈さん

村田征斗さん

諸江友樹さん

吉田将英（よしだ まさひで）

コンセプター

1985年生まれ。慶應義塾大学卒業後、ADKを経て電通入社。シンクタンク部門のデザインリサーチャーとして、業界・メディアへの社会洞察提言を行ない、「電通若者研究部」代表を務めたのち、2015年から現職。現在、多くの経営者のパートナーとして、コンセプト・デザインを行なっている。生活者とクライアント、社会の声の傾聴を起点とし、大企業からスタートアップ、地方自治体まで幅広い領域のプロジェクトを手がける。関係性不全の解決から社会を前進させる「関係性デザイン」をポリシーに活動中。著書に『アンテナ力』（三笠書房）、共著に『若者離れ』（エムディエヌコーポレーション）など多数。映画は年100本鑑賞。図鑑と動物園と家族が癒し。尊敬する人はマツコ・デラックスさんと森川葵さん。

X（twitter）:　@masahide_YSD
▲本に関する感想やご相談はこちらにお願いいたします。

コンセプト・センス
正解のない時代の答えのつくりかた

2024年1月31日　第1版 第1刷 発行
2024年8月8日　第1版 第3刷 発行

著者　　　吉田将英
発行所　　WAVE出版
　　　　　〒102-0074　東京都千代田区九段南3-9-12
　　　　　TEL 03-3261-3713
　　　　　FAX 03-3261-3823
　　　　　Email　info@wave-publishers.co.jp
　　　　　URL　http://www.wave-publishers.co.jp
印刷・製本　中央精版印刷